BEI GRIN MACHT SICH IHR
WISSEN BEZA~~HLT~~

- Wir veröffentlichen Ihre Hausarbeit,
  Bachelor- und Masterarbeit

- Ihr eigenes eBook und Buch -
  weltweit in allen wichtigen Shops

- Verdienen Sie an jedem Verkauf

Jetzt bei www.GRIN.com hochladen
und kostenlos publizieren

Anne Kaiser

Der Einfluss von westlichen Wohnleitbildern seit 1989 auf die Innenarchitektur der neuen Bundesländer

GRIN Verlag

Bibliografische Information der Deutschen Nationalbibliothek:

Die Deutsche Bibliothek verzeichnet diese Publikation in der Deutschen National-
bibliografie; detaillierte bibliografische Daten sind im Internet über http://dnb.d-
nb.de/ abrufbar.

Impressum:

Copyright © 2008 GRIN Verlag GmbH
Druck und Bindung: Books on Demand GmbH, Norderstedt Germany
ISBN: 978-3-640-17720-2

Dieses Buch bei GRIN:

http://www.grin.com/de/e-book/115758/der-einfluss-von-westlichen-wohnleitbildern-
seit-1989-auf-die-innenarchitektur

GRIN - Your knowledge has value

Der GRIN Verlag publiziert seit 1998 wissenschaftliche Arbeiten von Studenten, Hochschullehrern und anderen Akademikern als eBook und gedrucktes Buch. Die Verlagswebsite www.grin.com ist die ideale Plattform zur Veröffentlichung von Hausarbeiten, Abschlussarbeiten, wissenschaftlichen Aufsätzen, Dissertationen und Fachbüchern.

Besuchen Sie uns im Internet:

http://www.grin.com/

http://www.facebook.com/grincom

http://www.twitter.com/grin_com

Eine nicht geführte Diskussion

**Die Prägung der Innenarchitektur in den neuen Bundesländern
durch westliche Wohnleitbilder seit 1989 und Überlegungen
zu einem erweiterten Verständnis von Kulturpolitik**

Bachelorarbeit

für die Prüfung zum Bachelor of Arts

Hochschule Zittau/Görlitz (FH)
Fachbereich Wirtschaftswissenschaften
Studiengang Kultur und Management

Vorgelegt von: Anne Kaiser

Görlitz, den 15. Juli 2008

INHALT

ABBILDUNGSVERZEICHNIS

ABSTRACT

Mit der Wirtschafts- und Währungsunion etablierte sich im Sommer 1990 auch im Osten Deutschlands westlich geprägtes Unternehmertum. Die Ausgestaltung der Wohnungen mit neuen Einrichtungsgegenständen nahm unter den Konsumwünschen ehemaliger DDR-Bewohner einen hohen Stellenwert ein. Mit der nun stark erweiterten Angebotspalette verfestigten sich in Ostdeutschland auch neue Wohnleitbilder und ästhetische Präferenzen.

Die noch ungeübte Beurteilung westdeutscher Warenangebote und die geringe Vertrautheit mit der Breite der Produktpalette können als eine eingeschränkte Konsumentensouveränität verstanden werden. Dem Staat wäre hier die Verantwortung zugekommen, zwischen der Fülle an Angeboten und den Bedürfnissen der Nachfrager zu vermitteln. Dazu bieten sich auch Maßnahmen der Ästhetischen Bildung an.

Diese Lenkung in der Herausbildung ästhetischer Präferenzen und Alltagsästhetiken wird bisher als Eingriff in die Privatsphäre verstanden und nicht als kulturpolitisches Handlungsfeld. Dabei hätte eine Ästhetische Bildung im Bereich der Innenarchitektur eine der deutschen Wiedervereinigung geschuldeten Maßnahme des Verbraucherschutzes darstellen können. Staat dessen wurde es verpasst, die Kulturpolitik und damit den Verantwortungsbereich des Staates neu auf die Belange eines vereinten Deutschlands auszurichten.

0. Vorbetrachtungen

0.1 Einleitung

Mit zunehmendem Zusammenwachsen der beiden deutschen Staaten ging vor allem von westdeutscher Alltagsästhetik eine starke Anziehungskraft für die Bewohner Ostdeutschlands aus. Die Wirtschafts- und Währungsunion ermöglichte seit Sommer 1990 auch im Osten die Aneignung westdeutscher, materieller Verhaltensweisen. Diese Entwicklung zeigt sich dank der Etablierung westlicher Möbelmärkte im Osten auch in der Ausgestaltung des privaten Wohnraumes. Die ostdeutsche Bevölkerung nahm den sich ihr neu eröffneten Markt für Einrichtungsgegenstände sehr gut an; ermöglichte dieser doch neben der rein materiellen Bedürfnisbefriedigung auch eine persönliche Annäherung an das nun vereinte Deutschland.

Es wurde noch immer nicht hinreichend in Betracht gezogen, in wie weit die ostdeutsche Bevölkerung die neue Angebotspalette und die in Wohnleitbildern kodierten Einrichtungs- und Lebensstile objektiv werten konnte. Diese Arbeit hat ihren Ausgangspunkt in der Überlegung, dass die Bewohner Ostdeutschlands nicht hinreichend in der Lage waren, sich dem Bedürfnis nach westdeutschen Einrichtungsgegenständen- und Stilen zu entziehen. Dieser Gedanke lässt sich weiterführen; dass suggerierte Bedürfnisse und Urteils-Unsicherheiten der Ostdeutschen das Konsumverhalten im Sinne einer eingeschränkten Konsumentensouveränität manipuliert haben.

Diese historisch bedingte Irritation in der Selbstregulation des Marktes hätte das Eingreifen des Staates erfordert. Ästhetisch bildenden Maßnahmen wäre dabei eine besondere Stellung zugekommen; hätten sie doch über den ästhetischen, mode-zyklischen und real monetären Wert der im Osten angebotenen West-Produkte informieren können. Die Ästhetische Bildung wurde bzw. wird jedoch in ihrer Reichweite und ihrer möglichen Wirkungsweisen auf dem Markt für Einrichtungsgegenstände[1] unterschätzt.

---

[1] Im Verlauf dieser Arbeit werden die Begriffe ‚Wohnungseinrichtung', ‚Mobiliar' und ‚Innenarchitektur' relativ synonym behandelt. Dies begründet sich darin, dass sich die individuelle Gestaltung der Wohnung in Ostdeutschland überwiegend auf die Ausgestaltung mit Mobiliar beschränken musste. Variationen im Grundriss und ähnliche bauliche Veränderungen waren durch Wohnungsknappheit, kleine Grundrisse und die erschwerte Beschaffung von Baumaterialien kaum möglich. Diese gestalterischen Facetten der Innenarchitektur werden daher nachfolgend ausgegrenzt.

In dieser Arbeit soll verdeutlicht werden, dass dem Staat über das kulturpolitische Medium der Ästhetischen Bildung eine ästhetische Lenkungsfunktion zugekommen wäre. Konsumverhalten und ästhetisches Bewusstsein hätten so möglicherweise in den neuen Bundesländern nachhaltig beeinflusst werden können.

Innenarchitektur wird jedoch üblicherweise als eine Facette der Architektur verstanden; das soziale Gestaltungspotenzial der Innenarchitektur wird im öffentlichen Bewusstsein durch eine Reduktion auf ingenieurswissenschaftliche Gesichtspunkte überdeckt. Daraus folgte, dass eine bauwissenschaftlich verankerte Innenarchitektur eine nur geringere kulturpolitische Akzeptanz finden kann, als z.B. die musische Erziehung.

Es wird daher deutlich, warum Innenarchitektur und ihre alltagsästhetische Ausprägung bisher nicht als ernstzunehmendes Feld der Kulturpolitik wahrgenommen wurde. Diese Arbeit soll deshalb als Auftakt für eine bisher nicht geführte Diskussion um die kulturpolitische und gesellschaftspolitische Relevanz der Innenarchitektur – unter besonderer Beachtung der Situation der deutschen Wiedervereinigung – verstanden werden.

0.2 Forschungsleitende Thesen

- Mit dem Zusammenwachsen der beiden deutschen Staaten übertrugen sich die in den alten Bundesländern etablierten Stile und Trends in der Innenarchitektur auch auf die Bevölkerung der neuen Bundesländer.

- Ästhetische Präferenzen in der Innenarchitektur werden maßgeblich von kommunizierten Wohnleitbildern beeinflusst.

- Westdeutsche Wohnleitbilder fanden in den sozialen Milieus Ostdeutschlands unterschiedlich stark Akzeptanz.

- Eine objektive Beurteilung des Angebots an Einrichtungsgegenständen konnte in den neuen Bundesländern lange nicht stattfinden.

- Es wurde verpasst, Innenarchitektur in der Nachwendezeit als aktives Feld der Kulturpolitik der neuen Länder zu etablieren.

- Der Staat besitzt eine ästhetische Lenkungsfunktion; ist sich dieser jedoch nicht hinreichend bewusst.

- Ästhetische Bildung auf dem Feld der Innenarchitektur wurde dem freien Markt überlassen.

- Eine kulturpolitisch beeinflusste Innenarchitektur hätte sich auf die wirtschaftliche Entwicklung Deutschlands ausgewirkt.

0.3 Aufbau der Arbeit

Ausgangspunkt dieser Arbeit ist die Darstellung der sich mit der deutschen Vereinigung gewandelten Innenarchitektur in den neuen Bundesländern. Neben einer breiteren Angebotspalette von Einrichtungsgegenständen veränderte sich auch die private Nachfrage.

Diesen Wandel ästhetischer Präferenzen und das daraus resultierende Konsumerhalten wird die Autorin anhand verschiedener theoretischer Ansätze im Gliederungspunkt 2 zu erklären versuchen. Dabei ist der Zusammenhang zwischen Wertvorstellung, daraus sich entwickelnden ästhetischen Präferenzen und der resultierenden Nachfrage elementar. Diese Beziehungskette kann mit dem Kriterium Bildungsgrad in Zusammenhang gesetzt werden, woraus sich wiederum Milieu-spezifische Konsum- und Stilpräferenzen formulieren lassen. Diese sind u.a. Untersuchungsgegenstand der Sinus Sociovision und ihrem Modell der sozialen Milieus.

Eine anschließende qualitative empirische Erhebung soll den Wandel ästhetischer Präferenzen seit der Wende in der Stadt Görlitz veranschaulichen. Die Erkenntnisse über die sich gewandelte ästhetische Orientierung innerhalb der Görlitzer Mittelschicht wird im Kapitel 4 vertieft und um den Aspekt des Wandels gesellschaftlicher Orientierungsprinzipien erweitert.

Der Gliederungspunkt 5 eröffnet mit der Definition von kultureller Bildung und ästhetischer Erziehung die kulturpolitische Ebene. Darauf aufbauend soll verdeutlicht werden, dass die Innenarchitektur durchaus kulturpolitische Relevanz hat. Es werden dabei die Privatsphäre der Innenarchitektur ebenso diskutiert wie die Beziehung zwischen Innenarchitektur und ästhetischer Bildung und die Legitimität einer öffentlich beeinflussten Innenarchitektur.

Mit der Annahme einer öffentlich bzw. staatlich gelenkten Innenarchitektur ergeben sich Konsequenzen für Wirtschaft, Gesellschaft und Staat. Diese sollen im Gliederungspunkt 7 herausgearbeitet werden.

Nach einer Zusammenfassung des erarbeiteten Erkenntnisstandes wird im Kapitel 9 auf den Forschungsbedarf eingegangen und eine Fortführung der Diskussion skizziert.

1. Der Wandel der Innenarchitektur in den neuen Bundesländern

1.1 Darstellung des Forschungstandes

Die wissenschaftliche Aufarbeitung der deutschen Wiedervereinigung konzentrierte sich überwiegend auf gesellschaftliche und wirtschaftliche Veränderungsprozesse. Der Wandel der Innenarchitektur in den neuen Bundesländern wurde als Forschungsgegenstand kaum wahrgenommen. Untersuchungen in Milieu-Modellen beschränkten sich lange Zeit darauf, soziale Milieus nur in Bezug zur geographischen Wohnlage zu setzen.

Der Sozialwissenschaftler Alphons Silbermann (1909 – 2000) beschäftigte sich jedoch bereits seit 1963[2] mit den Einrichtungspräferenzen der westdeutschen Bevölkerung und führte seine Untersuchungen mit der Wende auch in den neuen Bundesländern fort.[3] Silbermann konzentrierte sich in seinen Erhebungen vor allem auf die Herausarbeitung des ostdeutschen ‚Wohnerlebnisses', also den sozialen Aspekten des Wohnens. Dabei erfasste er u.a. den Stellenwert der Wohnung bzw. ihrer Teilbereiche, die (Un-) Zufriedenheit der Bewohner mit ihrer Wohnsituation und ermittelte ostdeutsche Ausstattungsstandards. Silbermann zeigte, wie die neuen, westlichen (Wohn- oder auch Konsum-) Leitbilder in Diskrepanz zu den alten Standards, wie etwa der maroden Bausubstanz, standen. Außerdem analysierte er verschiedene Stilpräferenzen aus soziologischer Sicht und versuchte, diese mit dem Lebensstilmodell zu verknüpfen.[4]

Monika Kritzmöller[5] beschäftigte sich mit den allgemeinen Wechselbeziehungen zwischen Lebensstil und Wohnungseinrichtung. Sie ging dabei stark auf die psychologische Dimension der Einrichtungsobjekte ein; die spezifische Situation der Wende und ihre Auswirkungen für das ostdeutsche Einrichtungsverhalten war jedoch kein Bestandteil ihrer Forschungen.

---

[2] Vgl. Alphons Silbermann: Vom Wohnen der Deutschen, Köln 1963.
[3] Vgl. Alphons Silbermann: Das Wohnerlebnis in Ostdeutschland, Köln 1993.
[4] Vgl. Ebd., S.130-136.
[5] Monika Kritzmöller: Von Schneckenhaus bis Adlerhorst. Interdependenzen zwischen Lebensstil und Wohnungseinrichtung, Frankfurt/Main 1996.

Die Problematik der Innenarchitektur in Ostdeutschland fand des Weiteren Einzug in eine Jubiläumspublikation des Bundes Deutscher Innenarchitekten[6]. Darin wurde sich kritisch mit den ästhetischen Versäumnissen der Wiedervereinigung auseinandergesetzt. Wissenschaftlich fundierte Erkenntnisse zu den ostdeutschen Geschehnissen kann der Bund der Innenarchitekten aber nicht bieten.

1.2 Innenarchitektur im geteilten und sich wiedervereinigenden Deutschland

1.2.1 Der Stellenwert der Innenarchitektur in Deutschland

Im geteilten Deutschland entwickelte sich die Innenarchitektur in Ost und West unterschiedlich. Existierte die Innenarchitektur ursprünglich eigenständig in beiden deutschen Staaten, so wurde sie in der DDR ab 1967 zunehmend auf Architektur und Design reduziert.[7] Einstige Raumkunst wurde auf Ingenieurswissenschaft plus Einrichtungsgegenstände begrenzt. In der BRD entwickelte sich die ganzheitliche Innenarchitektur hingegen zu einer festen Größe der Ingenieurswissenschaften.[8] Basierend auf dem Gedankengut der 68-er Folgegeneration kam es im Westen zu einer ‚Intellektualisierung der Ästhetik' und als Folge der ungenügenden Umwälzung zu einer stärkeren Technologieorientierung[9] als im Osten. Analog zum Kommunismus war die Innenarchitektur der DDR stärker Kollektiv-orientiert; die Konstruktion von Zugehörigkeitsgefühl und Gruppenbewusstsein galten in der Raumgestaltung als erstrebenswert.[10]

Ab 1990 näherten sich beide deutschen Entwicklungen aneinander an. Der sich zögerlich entwickelnde Markt für Innenarchitektur wurde daraufhin stark von westdeutschen Akteuren geprägt. Das Bewusstsein für eine eigenständige Innenarchitektur bildete sich in der ostdeutschen Gesellschaft nur langsam heraus.

> Und bis heute ist diese Unkenntnis, dieses Desinteresse, dieses völlige Unverständnis gegenüber einer eigenständigen Innenarchitektur in den Amtsstuben des Ostens, auf den Vorstandetagen der Konzerne, im Bewusstsein der Menschen zu verzeichnen [...].[11]

---

[6] Schricker, Rudolf u.a.: Innenarchitektur in Deutschland. Zwischen Tradition und Vision. Hrsg.: Bund Deutscher Innenarchitekten, Leinfelden-Echterdingen 2002.

[7] Vgl. Ebd., S.10f.

[8] Weiterführend ebd. Siehe Anhang: 7. Auszüge aus dem Editorial zu ‚Innenarchitektur in Deutschland'.

[9] Vgl. Schricker, 2002, S.13.

[10] Ebd., S.12.

[11] Ebd., S.11.

1.2.2 Wohnleitbilder in Ost- und Westdeutschland

Alphons Silbermann arbeitete in seinen Untersuchungen zum Einrichtungsverhalten in Ost- und Westdeutschland auch die Akzeptanz konkreter Wohnleitbilder heraus.

Gingen Meinungsumfragen und wohnsoziologische Untersuchungen noch bis weit in die 70er Jahre davon aus, daß etwa 60 Prozent ,altdeutsche Wohnzimmer', 15 Prozent eine ,modern-bürgerliche' oder ,repräsentative' Einrichtung und etwa 10 Prozent einen ,avantgardistischen Wohnstil' vorzogen [...].[12]

Mit dem Wunsch nach Individualisierung musste in den 80-er Jahren das Spektrum an schematisch erfassbaren Wohnleitbildern stark erweitert werden. Basierend auf einer Erhebung von 1991[13] zeigte Silbermann folgende (Wohnzimmer-) Stilpräferenzen in Ost- und Westdeutschland:

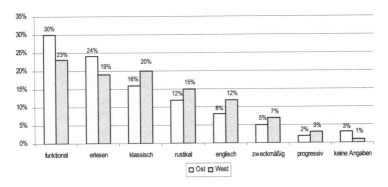

Abbildung 1: Stilpräferenzen im Ost-West-Vergleich[14]

---

[12] Nach Silbermann. In: Thomas Hauffe: Fantasie und Härte. Das ,Neue Deutsche Design' der achtziger Jahre, Gießen 1994, S.37. In Bezug auf Westdeutschland.

[13] Silbermann schlussfolgert, dass sich angesichts der hohen Übereinstimmung der Ranglisten, schon eine zum Erhebungszeitpunkt quantitativ starke Anpassung an westliche Verhältnisse der Stil-Vorlieben in Ostdeutschland vollzogen hat. Vgl. Silbermann, 1993, S.134.

[14] Ebd., S.129., siehe auch Anhang: 5. Wohnzimmer-Einrichtungspräferenzen und ihre Verbreitung.

Diese Stilpräferenzen spiegelten sich aber nicht immer auch im konkreten Einrichtungsverhalten wider. So waren – wohl aus finanziellen Gründen – in Westdeutschland „[...] die preiswerteren, ‚funktional-zweckmäßigen' Massenmöbel erheblich häufiger anzutreffen [...] und die als teuer geltenden Stile [...] ‚erlesen', ‚rustikal' und ‚progressiv' weitaus weniger vorhanden [...], als sie gewünscht wurden.[15]

In der DDR war es kaum möglich, aus dieser Bandbreite an Einrichtungsstilen zu wählen. Demnach dürften „[...] bestimmte Stilausprägungen, die sich erst im Laufe der Geschichte der westlichen Bundesrepublik entwickelt haben[16] [...] als zu realisierende Leitbilder nicht existiert haben."[17] Erst mit der Wirtschaft- und Währungsunion änderte sich diese Situation.

Des Weiteren unterschieden sich die Einrichtungspräferenzen in Ost und West aufgrund der Verfestigung lebensweltlicher Differenzierungen. Der Erlebnismarkt konnte sich im Westen Deutschlands stärker etablieren als im Osten; und mit ihm erlebnisorientierte Lebenswelten. Folglich fanden Einrichtungsstile, welche sich durch ihre Einzigartigkeit auszeichnen (englisch, zweckmäßig, progressiv) im Westen mehr Zuspruch als im Osten.[18] Dort dominierten mit dem funktionalen und erlesenen Stil Präferenzen, welche mit geringerem ästhetischen ‚Risiko' verbunden sind.

> [...] dass die Wichtigkeit spezieller Stilsymbolisierungen – wie sie sich beispielsweise in den Aussagen zum durchgängigen Einrichtungsstil, zur Repräsentation und auch zur Tradition ausdrücken – im Westen stärker als im Osten war, die ökonomischen und funktionalen Gesichtspunkte des Wohnens hingegen – d.h. solche, die am wenigsten mit individuellen Lebensstilsymbolisierungen zu tun haben – die Wertmuster der ostdeutschen Befragten beherrschten.[19]

---

[15] Silbermann, 1991, S.64f.
[16] Weiterführend siehe Anhang: 6. Schichtenspezifische Wohnleitbilder in Westdeutschland.
[17] Silbermann, 1993, S.130.
[18] Ebd., S.134f.
[19] Ebd., S.122.

1.3 Entwicklung des Marktes für Einrichtungsgegenstände

1.3.1 Entwicklung des Angebots von Einrichtungsgegenständen

Mit der Wirtschafts- und Währungsunion setzte in Ostdeutschland kapitalistisches Unternehmertum ein. Dieses ging einerseits von sich im Osten niedergelassenen westdeutschen Firmen aus und zum anderen orientierten sich ostdeutsche Anbieter beim Konsumangebot an westlichen Standards.[20] Der westdeutsche Markt stellte sich schnell auf die starke ostdeutsche Nachfrage ein.[21] Somit passte sich auch die Angebotspalette von Einrichtungs-Gegenständen schrittweise dem westlichen Niveau an[22] und ging mit der Kommunikation und Vermarktung fast ausschließlich westdeutscher Wohnleitbilder einher.

Die freie Marktwirtschaft deckte nun aber auch Bedürfnisse ab, für welche die Mangelwirtschaft der DDR keinen Spielraum hatte: Hochwertige und/oder als Luxus geltende Einrichtungslösungen wurden nun in verschiedenen Facetten und in ausreichender Zahl produziert.[23]

1.3.2 Entwicklung der Nachfrage nach Einrichtungsgegenständen

Aufgrund des sozioökonomischen Wandels ist es in Ostdeutschland – im Vergleich zu Westdeutschland – zu sehr starkem Anwachsen des Bedürfnisses gekommen, die eigene Lebenssituation durch diverse Veränderungen zu verbessern.[24] Dabei kann man im Anschaffungsverhalten unterscheiden zwischen dem Bedürfnis nach Gütern, welche vor der Vereinigung nicht oder kaum erwerbbar waren oder ob es sich bei dem Kauf von Produkten um eine qualitative Verbesserung von bereits vorhandenen Produkten handelt.[25] „Beide Bedürfnisausrichtungen folgen den in Ostdeutschland durch das westliche Möbelangebot neu sich formierenden Wohnleitbildern – ein Anpassungsprozeß an die westlichen Standards."[26]

---

[20] Ebd., S.11.
[21] Vgl. Wiesbadener Abendsblatt, 16.11.1989. In: Matthias Schneider: Und plötzlich ging alles so schnell. Wende und Wandel in Görlitz, Wiesbaden 1991, S.48.
[22] Vgl. Ebd., S.95.
[23] Vgl. Ebd., S.59.
[24] Silbermann, 1993, S.95.
[25] Ebd., S.144.
[26] Ebd., S.96ff.

Die Ausstattungsstandards in Ost und West unterschieden sich. Silbermann konnte beim Vergleich deutscher Wohnzimmereinrichtungen zeigen, dass

> [...] Teppichböden, Jalousien und Rolläden in Ostdeutschland zum Befragungszeitpunkt [1991, A.d.A.] weit weniger vorzufinden waren als in Westdeutschland während Sitzgarnituren, Hängelampen, niedrige Couchtische und Wand- und Einbauschränke in etwa gleichem Ausmaß in den ostdeutschen und westdeutschen Wohnzimmern vorhanden waren.[27]

Für Sitzgarnituren, Teppichboden, Jalousien und Rollläden, Hängelampen, niedrige Couchtische und Wand- oder Einbauschränke wurde 1993 in den neuen Bundesländern noch kein Sättigungsgrad erreicht.[28] Der Wunsch nach Teppichböden und Rollläden entsprach dabei dem Bedürfnis nach Gütern, welche in der ehemaligen DDR nicht zu erwerben waren. Sitzgarnituren u.ä. sollten durch einen Neuerwerb in ihrer funktionalen und ästhetischen Qualität verbessert werden.[29]

Mit Positionierung westdeutscher Wohnleitbilder in Ostdeutschland etablierte sich auch die mediale Ausrichtung der Wohnungsgestaltung. „Audio-visuelle Mediengeräte, die im Westen [...] das Möbelarrangement, das Wohnverhalten und damit auch das Wohnerlebnis im Wohnzimmer geradezu despotisch anordnen, waren im Osten noch nicht gegenwärtig."[30] Dieser Trend hält seither in den neuen Bundesländern an, während in den alten Bundesländern schon eine Abkehr vom Fernseher als Mittelpunkt des Wohnzimmers vollzogen wird.[31] „Es sind also vor allem die Medien und ihre Technik, die die Elemente stellen, von denen sie am schnellsten wirkenden Veränderungen im Wohnbereich ausgehen und auch in Zukunft in Ostdeutschland wohl noch weiter ausgehen werde."[32]

---

[27] Ebd., S.96.
[28] Ebd.
[29] Ebd.
[30] Ebd., S.141.
[31] Ebd.
[32] Ebd., S.64.

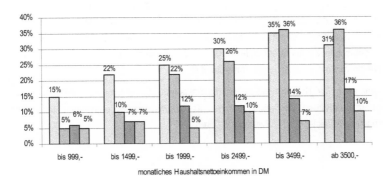

□ Fernseher   □ Videogerät   ⊞ Hifi-Anlage   □ Staubsauger

Abbildung 2: Nach der Währungsunion angeschaffte technische Geräte, Auswahl
In Prozent der jeweiligen Einkommensgruppen[33]

1.4 Medienlandschaft und Werbung

In den Jahren der Deutschen Vereinigung entwickelte sich in den neuen Bundesländern eine große Zeitungsvielfalt. Bis zum ersten Halbjahr 1991 entwickelten sich 42 ‚publizistische Einheiten'.[34] Begründet in den Erfordernissen der freien Marktwirtschaft gewannen Kleinanzeigen, Annoncen und Werbebeilagen einen wachsenden Stellenwert innerhalb der Publikations-Konzeption. Auf diesem Wege konnte für das neue, vielfältige Warenangebot geworben werden. Noch zu DDR-Zeiten machten sowohl die nur kleine Produktpalette an Einrichtungs-Gegenständen als auch der Umstand, dass keine kapitalistische Umsatzmaximierung angestrebt wurde, große Werbebemühungen überflüssig.

Die wirtschaftliche Attraktivität von Werbung in Printmedien wird dadurch bestärkt, dass das Zeitungs-Lesen in Ostdeutschland einen höheren Stellenwert einnimmt als in Westdeutschland; die Presse länger, regelmäßiger und intensiver studiert wird.[35] Die Möglichkeit, einen großen Teil der Gesamtbevölkerung zu erreichen, ist in Ostdeutschland etwas besser als in Westdeutschland.[36]

---

[33] Ebd., S.53.
[34] Vgl. Pürer/Raabe: Medien in Deutschland – Presse. Entwicklungen in den neuen Bundesländern.
In: http://fachschaft.ifkw.lmu.de/zp/puerer_medienlehre-presse2.doc am 6.02.2008.
[35] Vgl. Ebd.
[36] Vgl. Silbermann, 1993, S.112.

Neben der Kommunikation von Wohnleitbildern durch Werbung gewann ein neues Medium Einfluss auf den ostdeutschen Einrichtungsgeschmack: Die in Westdeutschland zahlreich etablierten Wohnzeitschriften waren nun auch im ostdeutschen Zeitschriftenhandel erhältlich. Mit ihnen bestand – im Gegensatz zum Westfernsehen – bisher kaum Vertrautheit.[37]

Aber auch der Umgang mit aufwändig gestalteten Schaufensterpräsentationen und einem beratenden, verkaufsförderlichen Kundenumgang war ungewohnt und konnte zu wenig reflektiertem Kaufverhalten führen.

---

[37] Vgl. Ebd., S.11.

2. Ästhetisch bedingte Erklärungsansätze zur veränderten Nachfrage

2.1 Entfaltung der Wertvorstellung im Konsum

2.1.1 Zur Beziehung von Wertvorstellung und ästhetischer Präferenz

Subjektiv empfundene Bedürfnisse und Präferenzen hinsichtlich der Inneneinrichtung werden neben äußeren Faktoren wie Infrastruktur, Bausubstanz, Einrichtungsangebot, Lebenssituation und Lebenszyklus auch entscheidend von den normativen Strukturen einer Gesellschaft[38] und deren Wertvorstellungen geprägt.[39]

> Versteht man die Werte als geschichtlich gewachsene, soziokulturell vermittelte Vorstellungen über das Wünschenswerte, stellen sie grundlegende und gemeinsam akzeptierte Orientierungsmaßstäbe für das menschliche Handeln dar und tragen somit zum Ausgleich menschlicher Verhaltensunsicherheiten bei.[40]

Die in unserer Gesellschaft allgemein geltenden Normen und Werte beziehen sich demnach auf das grundsätzliche Verständnis von ‚Wohnen', dem Stellenwert der Wohnung und der Wichtigkeit bestimmter Ordnungsprinzipien.[41]

Neben dieser gesellschaftlichen Prägung der Wertvorstellungen ist jede Person für sich Träger individueller Wertvorstellungen. Normative Elemente spezieller – also nicht ausschließlich gesellschaftlich fundierter – Art lassen sich für den Gegenstandsbereich des Wohnens mit dem Begriff ‚Wohnleitbilder' umschreiben.[42] Diese beschreiben materiell umsetzbare Vorstellungen der Art des Wohnens und stehen dabei in enger Beziehung zu einem Lebensstil. Sie „[...] drücken sich [...] in der Vorliebe für einen ganz bestimmten Möbelstil aus."[43] Ästhetische Präferenzen der Inneneinrichtung können also tendenziell in ein direktes Verhältnis zu der Lebensstilgruppe der Person gestellt werden.

---

[38] Weiterführend siehe Anhang: 1. Bourdieus Habitus-Theorie.
[39] Vgl. Silbermann, 1993, S.108.
[40] Ebd.
[41] Ebd., S.109.
[42] Ebd., S.108.
[43] Ebd.

Daraus folgt, dass sich die im Konsum niederschlagenden ästhetischen Präferenzen – neben elementaren Faktoren wie dem Einkommen – danach richten, welche auf dem Markt angebotenen Einrichtungs-Gegenstände den Lebensstil bzw. die Lebensstilvorstellungen des Konsumenten und darin implizierte Wertvorstellungen stützen oder dem entgegenstehen.[44]

2.1.2 Zur Beziehung von ästhetischer Präferenz und sozialem Status

Zur Erklärung des Zusammenhangs zwischen ästhetischer Präferenz und sozialem Status kann die Distinktionstheorie des französischen Soziologen Pierre Bourdieu herangezogen werden. Als Theorie der Abgrenzung und Unterscheidung erklärt sie unterschiedliche Geschmacksvorstellungen[45] im sozialen Kontext. Demnach sei die Ausprägung bestimmter Geschmacksvorlieben Resultat des jeweiligen sozialen Standes. Ziel ist die Sicherung und/oder Weiterentwicklung der eigenen sozialen Position.

Dies geschieht durch den Willen des Einzelnen zur Abgrenzung von anderen Personen oder Gruppen. Die Initiative geht dabei meist von den gesellschaftlichen Leitgruppen bzw. Oberschichten aus, welche bestrebt sind, sich von den sozial schwächeren Gruppen abzugrenzen. Meist formulieren sie die Standards für die jeweils hoch geschätzten Lebensstile in einer Gesellschaft. Diese auf Wertvorstellungen basierenden Lebensstile werden durch ästhetische Präferenzen (Musikgeschmack, Wohnungseinrichtung, Kunstverständnis u.a.) untermauert.

Mit Hilfe von Distinktionsmaßnahmen sind Personen oder auch ganze Gruppen bestrebt, sich den Lebensstilen der gesellschaftlichen Leitgruppen anzunähern und sich somit von anderen – weniger erstrebenswerten - Gruppen und ihren Lebensstilen abzugrenzen. Ästhetische Präferenzen werden dabei von Bourdieu nicht als guter oder schlechter Geschmack verstanden, sondern als stilbildende Symbole, mit dem Ziel, sich einer bestimmten Lebensstilgruppe zuzuordnen und sich gleichzeitig von anderen Gruppen abzugrenzen.[46]

---

[44] Vgl. Reiner Diaz-Bone. Milieumodelle und Milieuinstrumentarien in der Marktforschung, 2004. In: Forum Qualitative Sozialforschung, Art. 28. In: www.qualitative-research.net/fqs-texte/2-04/2-04diazbone-d.htm am 20.01.2008.

[45] Zur Ästhetik des Konsumenten aus kultursoziologischer Sicht. In: www.atuse.de/ser04.html am 20.01.2008.

[46] Josefine Heusinger: Pflege in den sozialen Milieus. In: Pflegeorganisation und Selbstbestimmung in häuslichen Pflegearrangements, 2005. In: www.diss.fu-berlin.de/2005/77/Kap07.pdf am 10.01.2008.

Da die Zugehörigkeit zu einer Halb-Welt immer noch wünschenswerter ist als die zu einer Nicht-Welt, bleibt es ein immanenter Wunsch derer, die zur kleinen Welt gehören, die große Welt zu erreichen. Daraus erklärt sich zu einem großen Teil das Streben ganzer Bevölkerungsgruppen nach ‚besserem Wohnen', nach Möbelprogrammen, die durch eigenständige Gestaltung aus der Masse herausragen.[47]

Demnach orientieren sich Vertreter der so genannten Unterschicht tendenziell am Mainstream; sie sind bemüht Anschluss an die Mitte der Gesellschaft zu finden und ein gesichertes Leben in der relativen Anonymität zu pflegen. Die ästhetischen Präferenzen der Unterschicht orientieren sich an dem, was sie als gesellschaftlichen, innenarchitektonischen Konsens empfinden. Vertreter der Mittelschicht hingegen sind tendenziell bemüht, Anschluss an die Oberschicht zu finden und sind somit eher bereit, dem Konsum von Einrichtungsgegenständen einen großen Stellenwert einzuräumen. Die Oberschicht – besetzt aus gesellschaftlichen Leitmilieus – ist bestrebt, sich von Unter- und Mittelschicht abzugrenzen. Sie definiert ästhetische Präferenzen selbst und wird somit zum allgemeinen Wegbereiter ästhetischer Orientierungen in einer Gesellschaft. Bourdieu nutzt dabei den Begriff Distinktionsgewinn, um die erfolgreiche Etablierung eines neuen, dominierenden Geschmacks bzw. Lebensstils als ‚Mittel im Kampf um gesellschaftliche Positionen'[48] zu beschreiben.[49]

---

[47] Silbermann, 1993, S.8f.

[48] Vgl. Pierre Bourdieu: Die feinen Unterschiede. Kritik der gesellschaftlichen Urteilskraft, Frankfurt/Main 1992.

[49] Gerhard Schulze verweist außerdem darauf, dass die Hierarchie des Geschmacks begründet ist in der Hierarchie der Lebensstile und auch eine Hierarchie der Teilhaber an Ressourcen widerspiegelt. Vgl. Gerhard Schulze: Die Erlebnisgesellschaft. Kultursoziologie der Gegenwart, Frankfurt/Main 1997, S.286.

2.1.3   Bedürfnis und Mangelgefühl

Als Bedürfnisse werden Wünsche verstanden, „[...] die aus einem subjektiv empfundenen Mangel herrühren und die zu befriedigen Menschen anstreben."[50] Die Entstehung von Bedürfnissen ist dabei überwiegend sozial und individuell bestimmt. Obwohl Bedürfnisse befriedigt werden möchten, muss das nicht bedeuten, dass damit das Mangelgefühl beseitigt wird.[51] Sie bilden sich neu; aufbauend auf dem Niveau bisheriger Bedürfnisbefriedigung. Das sich regenerierende Gefühl des Mangels kann somit als „[...] subjektive, psychische Grundlage des Konsumwillens [...]"[52] verstanden werden.

Anderen Ansätzen nach resultieren Bedürfnisse aus dem Trieb „[...] nach Stärke, Erfolg, Dominanz und nach Macht [...]."[53] Dies legt aber nahe, dass der zur Beseitigung des Mangelgefühls nachgefragte Bedarf als Medium für Erfolg, Stärke u.ä. eingesetzt wird. Demnach würde der Kauf von Einrichtungsgegenständen nicht mehr nur der Gestaltung eines schützenden, ansprechenden Privatraumes dienen, sondern darüber hinaus auch repräsentative Aufgaben übernehmen.

Im sozialen Kontext und durch Werbeappelle lassen sich Bedürfnisse manipulieren. Die Möglichkeiten der Bedürfnismanipulation steigen nach Gerhard Scherhorn[54] mit besserer Bedarfsdeckung an.[55] Je stärker der Einzelne seine Bedürfnisse gedeckt hat, umso empfänglicher ist er dafür, neue Bedürfnisse impliziert zu bekommen. Dabei spielt der verminderte Stellenwert einer einzelnen Neuanschaffung ebenso eine Rolle wie die mit jedem weiteren Kauf eintretende Konfrontation mit Produkten neuerer oder anderer Produktionsweise.

---

[50] Renate Neubäumer/Brigitte Hewel (Hrsg.): Volkswirtschaftslehre. Grundlagen der Volkswirtschaftstheorie und Volkswirtschaftspolitik, Wiesbaden 2005, S.4.

[51] Vgl. Günter Manz: Armut in der ‚DDR'-Bevölkerung. Lebensstandard und Konsumtionsniveau vor und nach der Wende, Augsburg 1992, S.62.

[52] Vgl. Ebd.

[53] Vgl. Ebd.

[54] Weiterführend: Gerhard Scherhorn: Verbraucherinteresse und Verbraucherpolitik, Göttingen 1975.

[55] Vgl. Manz, 1992, S.62.

Objektiv die Lebensqualität steigernde Innovationen wirken sich auf das subjektive Wohlbefinden eher negativ aus, da der Käufer nicht die Möglichkeit hat, das Erworbene auch wirklich auszukosten. Das Erscheinen einer verbesserten Neuauflage läßt die Errungenschaft verblassen, ja bereits die Gewissheit, etwas Vergängliches erworben zu haben, mindert dessen Wert.[56]

In Ostdeutschland hatte sich bei vielen das Bedürfnis nach moderner, westdeutscher Wohnungseinrichtung herauskristallisiert; der Wunsch nach Beseitigung der bisherigen – als mangelhaft empfundenen – Einrichtungsgegenstände- oder Stile. Das Gefühl, etwas ‚nachholen zu müssen' spiegelte sich auch im Konsum von Einrichtungsgegenständen wider. Da sich eine Wohnung im Osten Deutschlands in ihrer elementaren Ausstattung nicht grundlegend von einer westdeutschen unterschied, boten sich viele Objekte, welche nach der Theorie Scherhorns nun hätten ersetzt werden wollen, d.h. für die sich das Bedürfnis entwickelt hat, sie z.B. durch Neuanschaffungen auszutauschen.

2.1.4   Soziologie individuell gültiger und beworbener Wohnleitbilder

Die Herausbildung von individuell gültigen Wohnleitbildern wird – wie auch deren Beibehaltung oder Wandel – durch die soziale und ökonomische Lebenssituation des Einzelnen beeinflusst sowie durch Leitbilder, welche im Sozialisationsprozess erlernt und verinnerlicht wurden.[57]

Ein Einrichtungsstil muss den Anforderungen an die aktuelle Lebenssituation angepasst sein (z.B. Single- oder Familienleben), muss aber auch die absoluten Vorstellungen vom Wohnen des Einzelnen erfüllen. Letzteres umfasst u.a. funktionale Aspekte: dient die Wohnungseinrichtung der Repräsentation, dem Familienleben oder der Selbstverwirklichung?[58] Aus der Sicht des Individuums erscheinen diese Faktoren in erster Linie rational und weniger emotional begründet.[59]

---

[56] Kritzmöller, 1996, S.113.
[57] Vgl. Silbermann, 1993, S.109.
[58] Vgl. Ebd.
[59] Vgl. Ebd.

Wohnleitbilder stehen in engem Bezug zu einem angestrebten Lebensstil.[60] Erst mit dem Bewusstsein über einen eigenen Lebensstil und dem Wunsch, diesen zu bestätigen oder zu ändern, kann eine Person unter den herrschenden Wohnleitbildern das seinige herausfiltern. Ob dieses Bewusstsein jedoch auch hinreichend in Ostdeutschland ausgeprägt ist, ist ungewiss.[61]

Hinsichtlich beworbener Wohnleitbilder konnte Alphons Silbermann in einer westdeutschen Studie zeigen, dass jene Werbeappelle abgelehnt werden, „[...] die im Gegensatz zu ihren eigenen Wohnleitbildern stehen, vor allem, wenn sie nicht in die grundlegenden Funktionen ihres Wohnens, ihrer Einrichtung und der Gestaltung des Wohnerlebnisses einzupassen sind."[62] Demnach könne Werbung also keine eigentlichen Vorlieben erzeugen, sondern bestenfalls vorhandene Einstellungen bestärken und helfen, diese in Vorlieben umzusetzen.[63] Somit beeinflussen sich kommunizierte Wohnleitbilder und real existierende Leitbilder gegenseitig.[64]

Silbermann beobachtete 1991, dass „Die [...] Bürger der ehemaligen DDR, den Wohnleitbildpropagierungen des Marktes [...] schneller folgen, als dies in Westdeutschland zu beobachten war."[65] Er begründet diesen Umstand damit, dass die Menschen im Osten Deutschlands mit den Mechanismen des westlichen Marktes noch wenig vertraut und in ihren Lebensbereichen verunsichert seien[66] und somit zu einer Überanpassung neigen würden.[67]

---

[60] Ebd., S.108.
[61] Ebd., S.110.
[62] Ebd., S.109f.
[63] Vgl. Ebd.
[64] Ebd.
[65] Ebd., S.110.
[66] Vgl. Ebd.
[67] Vgl. Ebd., S.111.

2.1.5 Zusammenfassung

Der Konsum von ästhetischen und dabei bedeutungsgeladenen Objekten wie hier bei Einrichtungsgegenständen für den privaten Wohnraum ist stark von individuellen Wertvorstellungen des Konsumenten geprägt. Sie ermöglichen innerhalb des allgemeingültigen, sozial geprägten Verständnisses von ‚guter Einrichtung' Spielraum für Selbstentfaltung und Kommunikation von Lebensorientierung und sozialem Rang. Konsumverhalten kann somit als stark Werte-basierend verstanden werden.

Das veränderte Konsumverhalten in den neuen Bundesländern könnte damit erklärt werden, dass die ostdeutschen Konsumenten ihren persönlichen Beitritt zur Bundesrepublik durch Anhäufung von Objekten vollziehen wollten, welche unterschwellig mit jenen Attributen besetzt sind, welche die Eingliederung des Ostdeutschen in das neue Deutschland zu erleichtern versprechen. Dabei dürfen diese Objekte jedoch nicht gänzlich den grundlegenden Nutzen- und Ästhetik-Vorstellungen des Käufers widersprechen.

2.2 Darstellung des sozialen Wandels am Modell der sozialen Milieus der Sinus Sociovision

2.2.1 Darstellung des Konzepts

Die Sinus Sociovision GmbH (Heidelberg) beschäftigt sich seit 1979 mit der Erfassung und Formulierung sozialer Milieus. Ziel ist es, den soziokulturellen Wandel für die kommerzielle Marktsegmentierung und ihre Marketingstrategien durch Formulierung prägnanter Gesellschaftssegmente sichtbar und somit nutzbar zu machen. Im Unterschied zur traditionellen Schichteinteilung handelt es sich bei dem Milieu-Modell um eine inhaltliche Klassifikation, basierend auf dem Konzept der Lebensweltforschung.[68]

> Inhaltlich geht die Studie von der Beobachtung aus, wonach innerhalb der von der Schichttheorie angebotenen Klassen, denen sozioökonomische Faktoren wie Bildung und Einkommen zugrund liegen, eine hohe Bandbreite an Variationen hinsichtlich des Lebensstils und der individuellen Konstruktion von Wirklichkeit existiert.[69]

---

[68] Sinus-Milieus. In: www.sinus-sociovision.de am 14.03.2008
[69] Kritzmöller, 1996, S.119.

Die Sinus-Milieus fassen Menschen zusammen, die sich in ihrer Lebensauffassung und Lebensweise ähneln und somit als Gleichgesinnte verstanden werden können.[70] Die Übergänge zwischen den Milieus sind dabei fließend.

Das für Westdeutschland entwickelte Modell bestand 1990 aus acht Milieus, für Ostdeutschland formulierte man neun. In den vier Jahrzehnten der Isolation hatten sich in Ostdeutschland andere gesellschaftliche Strukturen herausbilden können, als im Westen. Somit wurden bis 1998 die sozialen Milieus in den alten und neuen Bundesländern gesondert betrachtet. Als Folge der gesellschaftlichen Assimilation wird seit 1998 ein gesamtdeutsches Milieumodell betrachtet.[71]

Es bestehen in der Tiefe der Milieu-Untersuchungen in Ost- und Westdeutschland dennoch große Unterschiede. Konnte das Sinus-Institut seit seiner Gründung konsequent das gesellschaftliche Feld in Westdeutschland untersuchen, so hatte Sinus erst seit 1990 Einblick in die ostdeutsche Gesellschaftsstruktur, welche sich noch dazu durch die Wendeentwicklungen schlagartig und radikal wandelte.

2.2.2   Entwicklung der sozialen Milieus in Ostdeutschland seit der Wiedervereinigung

In der ostdeutschen Gesellschaft zeigen sich zum Zeitpunkt der Vereinigung Deutschlands ähnliche Grundstrukturen, Größenproportionen und Grundorientierungen wie in Westdeutschland, jedoch unterscheiden sie sich hinsichtlich der Traditionslinien, d.h. hinsichtlich der Verankerung traditioneller Werte innerhalb der Gesellschaft.[72] Das Gesellschaftsbild Ostdeutschlands ist deutlich geprägt von den traditionell orientierten Arbeiter- und Mittelklassemilieus. Daneben gibt es eine verhältnismäßig kleine moderne Mitte, junge, hedonistisch geprägte Milieus und drei gesellschaftliche Leitmilieus. 1991 hatten sich noch keine deutlichen modernen Differenzierungen – ähnlich der westdeutschen Milieus – herauskristallisiert.[73]

---

[70] Sinus-Milieus. In: www.sinus-sociovision.de am 14.03.2008.

[71] Diaz-Bone, 2004, am 20.01.2008.

[72] Vgl. Michael Vester u.a.: Soziale Milieus im gesellschaftlichen Strukturwandel. Zwischen Integration und Ausgrenzung. Frankfurt/Main 2001, S.112. Die abweichende gesellschaftliche Entwicklung im Osten Deutschlands beruht demnach vor allem auf der Teilung 1949 und erlebte mit der Wiedervereinigung 1990 eine erneute Erschütterung.

[73] Vgl. Ebd., S.112ff.

Habitus	Traditionell 56%		Moderne Mitte 27%	Modern 17%
Oberklasse 23%	Rationalistisch-technokratisches Milieu 6%	Bürgerlich-humanistisches Milieu 10%	Linksintellektuell-alternatives Milieu 7%	
Mittelklasse 37%	Kleinbürgerlich-materialistisches Milieu 23%		Status- und Karriereorientiertes Milieu 9%	Sub-kulturell. Milieu 5%
Arbeiter 40%	Traditionsverwurzeltes Arbeiter- und Bauernmilieu 27%		Traditionsloses Arbeitermilieu 8%	Hedonist. Arbeiter-Milieu 5%

Abbildung 3: Soziale Milieus in Ostdeutschland 1991[74]

Eigendarstellung nach Vester[75]

Die berufliche Basis der Arbeitermilieus wurde ab 1989 durch den radikalen wirtschaftlichen Umbau in Ostdeutschland extrem verkleinert.[76] Die Arbeitermilieus wurden zu den größten Verlierern der deutschen Vereinigung. „Betroffen waren nicht nur die unterprivilegierten ‚Traditionslosen Arbeiter', sondern auch die einst in der Mitte integrierten ‚Traditionsverwurzelten' und ‚Kleinbürgerlichen' Facharbeitermilieus."[77] Die gesellschaftliche Mitte Ostdeutschland teilte sich ab 1989 neu in Gewinner und Verlierer.[78]

---

[74] Die Darstellung der sozialen Milieus erfolgt hierbei nicht in der Blasen-Optik der Sinus Sociovision. Die quadratische Graphik von Vester ermöglicht in diesem Fall eine übersichtlichere Darstellung und somit bessere Vergleichsmöglichkeiten der Milieus der alten und neuen Bundesländer.

[75] Michael Vester, Michael Hofmann, Irene Zierke: Soziale Milieus in Ostdeutschland, Köln 1994, S.15.

[76] Vgl. Ebd., S.533f.

[77] Ebd., S.533f.

[78] Ebd.

Aufgrund der neuen Dynamik, die durch die deutsche Vereinigung von 1990 ausgelöst wurde, zeigt sich die gesellschaftliche Mitte in Ostdeutschland zunehmend unruhig. In der Nachwendezeit entwickelte sich in Ostdeutschland ein unkonventionelles ‚modernes bürgerliches Milieu'[79], welches insbesondere den modernen Lebensstil für sich entdeckte.[80] Aus der Traditionslinie der Facharbeiter kristallisierten sich zeitgleich die zwei neuen Milieus des ‚modernen Arbeitnehmers' und das ‚aufstiegsorientierte Pioniermilieu' heraus. Insbesondere das aufstiegsorientierte Pioniermilieu betont den auf der eigenen Leistung basierenden Erfolg.[81]

2.2.3 Veränderte Nachfrage in den sozialen Milieus Ostdeutschlands

Ausgehend von den allgemeinen Milieucharakteristiken[82] kann die Annährung der ostdeutschen Milieus an ihre westlichen Pendants auch im Konsumverhalten aufgezeigt werden. Gesellschaftliche Neuorientierung und verändertes Konsumverhalten erfassten die ostdeutschen Milieus jedoch nicht gleichermaßen.

Für das ‚rationalistisch-technokratische Milieu' ging der soziale Umbruch der Wendezeit mit einer Minderung ihrer gesellschaftlichen Position einher. Mit Verlust der traditionellen ostdeutschen Orientierung nimmt für dieses Milieu die konsummaterialistische Orientierung einen höheren Stellenwert ein. Auch das ‚Traditionslose' und das ‚Hedonistische Arbeitermilieu' kompensieren die aufgekommene Verunsicherung durch verstärkte Orientierung an den verschiedenen Konsumtrends.

Das ‚Status- und Karriereorientierte Milieu' passte sich wohl am schnellsten an die neuen Verhältnisse an. Einhergehend mit dem beruflichen Erfolg entwickelte sich der Lebensstandart westlicher Manager für Vertreter dieses Milieus als alltagskulturelle Zielstellung.[83] Im ‚kleinbürgerlichen-materialistischen Milieu' nahm der materielle Gütererwerb schon vor der Wende einen hohen Stellenwert ein. Mit der Wiedervereinigung dürfte sich aber in diesem Milieu ein noch stärkeres Bewusstsein für einen modernen Lebensstil verbreitet haben.[84]

---

[79] Vester, 2001, S.537ff.
[80] Vgl. Ebd., S.520.
[81] Vgl. Ebd., S.537.
[82] Weiterführend siehe Anhang: 3. Einrichtungspräferenzen in den sozialen Milieus Ostdeutschlands.
[83] Vgl. Vester, 2001, S.357ff.
[84] Vgl. Ebd., S.537ff.

Das ‚linksintellektuell-alternative Milieu' lernte in den Nachwendejahren den Konsum schätzen und entfernte sich weit von der einst radikalen Konsumaskese. Auch das ‚subkulturelle Jugendmilieu' entdeckte erst mit der Wende den hedonistischen Konsum.[85]

2.2.4 Gegenüberstellung der Milieus der alten Bundesländer

Habitus	Traditionell 35%	Moderne Mitte 45%	Modern 20%
Oberklasse 19%	konservatives gehobenes Milieu 8%	technokratisches Milieu 9%	alternatives 2%
Mittelklasse 59%	kleinbürgerliches Milieu 22%	aufstiegsorientierte Milieu 24%	hedonistisches Milieu 13%
Arbeiter 22%	traditionelles Arbeitermilieu 5%	traditionsloses Arbeitermilieu 12%	neues Arbeit- nehmermilieu 5%

Abbildung 4: Soziale Milieus in Westdeutschland 1991
Eigendarstellung nach Vester[86]

Im Vergleich zu den alten Bundesländern unterscheidet sich die ostdeutsche Gesellschaft 1991 sowohl hinsichtlich der Traditionslinie, als auch der innergesellschaftlichen Stellungen.

---

[85] Vgl. Ebd., S.539f.
[86] Vester, 1994, S.15.

		West	Ost
Innergesell. Stellung	Oberklasse	19%	23%
	Mittelklasse	**59%**	**37%**
	Arbeiterklasse	**22%**	**40%**
Traditions-Linie	traditionell	**35%**	**56%**
	Moderne Mitte	**45%**	**27%**
	modern	20%	17%

Abbildung 5: Habitus der deutschen Gesellschaft(en) 1991
Eigendarstellung

Es ist zu erkennen, dass in der horizontalen Aufsplittung traditionelle Milieus in Ostdeutschland überwiegen und eine moderne Mitte demnach geringer besetzt ist. In der Vertikalen zeigt sich die ostdeutsche Dominanz der Arbeiterschaft, einhergehend mit schwächer ausgeprägten bürgerlichen Milieus.

In Hinblick auf das veränderte Nachfrageverhalten in den neuen Bundesländern stellt sich natürlich die Frage, inwiefern die allgemeine gesellschaftliche Situation – hier am Modell der sozialen Milieus – einen Erklärungsansatz bietet. Die dominierende Arbeiterklasse mit den konsumstarken ‚Traditionslosen' und ‚Hedonisten' könnte auf der einen Seite als Argument für den radikalen Nachfragewandel angegeben werden. Dem widerspricht aber die allgemein stärkere traditionelle Orientierung der ostdeutschen Bevölkerung, welche den aufkommenden Trends und Produkten möglicherweise skeptischer gegenüber steht.

2.2.5 Zusammenfassung

Das Modell der sozialen Milieus der Sinus Sociovision gibt Aufschluss über gesellschaftlichen Gruppen und ihre spezifischen Lebensweltorientierungen in den neuen Bundesländern. Damit einhergehend können tendenzielle Grundzüge des Konsumverhaltens in den Milieus formuliert werden.

Die Erkenntnisse der Sinus-Sociovision müssen jedoch aufgrund der erst 1990 einsetzenden Erhebungstätigkeit als Wende-Momentaufnahme verstanden werden. Der entscheidenden Prozess des ostdeutschen Wandels ästhetischer Präferenzen in der Wendezeit – anhand von Wertvorstellungen, Konsumverhalten und sozialer Lage der Personen – kann durch das Modell der sozialen Milieus nicht hinreichend erklärt werden.

Es gibt keine umfassenden Erhebungen zu den sozialen Milieus der DDR-Bevölkerung und deren Konsumverhalten. Erkenntnisse aus den Sinus-Studien Westdeutschlands decken sich nur vereinzelt mit ostdeutschen Milieu-Charakteristiken. Die Erstellung eines gesamtdeutschen Milieumodells 1998 erschwert die Rekonstruktion von ostdeutschen Konsum- und somit auch ästhetischen Präferenzen zusätzlich.

Das Konzept der Sozialen Milieus der Sinus Sociovision ist für die Fragestellungen dieser Arbeit nicht hinreichend aussagekräftig. Es wurde deutlich, dass erheblicher Forschungsbedarf zu den sozialen Milieus Ostdeutschlands und deren Konsumverhalten besteht. Es ist jedoch fraglich, inwieweit dies fast 20 Jahre nach der Wende erfasst werden kann.

3. Eine empirische Erhebung zum Wandel der Einrichtungspräferenzen seit 1989 in der Stadt Görlitz

3.1 Vorgehen und Schwerpunkte der Erhebung

Diese empirische Erhebung dient der Erkenntnisgewinnung um die veränderten Einrichtungspräferenzen in der Stadt Görlitz seit 1989. Die Befragung beschränkt sich hier auf eine Stichprobe von drei Haushalten und kann somit nur einen qualitativen Beitrag zur Erarbeitung des Wende- und Nachwendekonsumverhaltens leisten. Zur Darstellung eines repräsentativen Bildes würde es weiterführender Erhebungen bedürfen.

Die Erhebung erfolgt in Form einer mündlichen Befragung mit standardisiertem Fragebogen[87]. Dieser umfasst 28 Fragen und kann in vier Abschnitte unterteilt werden: (1) Betrachtung des Einrichtungsverhaltens bis zur Wirtschafts- und Währungsunion, (2) den Verlauf bis ca. 1994 und (3) die Abschwächung des ‚Wendekonsums' ab ca. 1995. Außerdem werden (4) einige allgemeine Informationen über den Haushalt erhoben, welche in die Charakteristik einfließen.

Ziel sind (1) Erkenntnisse über die Einrichtungspräferenzen in den befragten Haushalten sowie über die (2) hinter den Objekten stehenden Wertvorstellungen vom ‚guten Wohnen'. Das Maß an Übernahme westlicher Wohnleitbilder ist abhängig von der (3) Erreichbarkeit und (4) Empfänglichkeit der ostdeutschen Haushalte für diese. Mit dem Kriterium der Empfänglichkeit für westliche Wohnleitbilder eng verbunden ist das (5) Maß an ästhetischem Bewusstsein und Stilempfinden, welches auch als Maß ästhetischer Orientierungssicherheit verstanden werden kann. Zu dessen Ermittlung sollen sowohl das Wissen um einen ‚individuellen' Einrichtungsstil herangezogen werden, als auch die Aufnahmegeschwindigkeit westdeutscher Möbeltrends und der quantitative Umfang von Neuanschaffungen. Weiterhin soll untersucht werden, inwiefern die (6) allgemeinen Überlegungen zum Konsum[88] in den sozialen Milieus sich in der Befragung zum Wende-bedingten Wandel ästhetischer Präferenzen widerspiegeln.

---

[87] Siehe Anhang: 8. Empirische Erhebung.
[88] Siehe 2.2.3 Veränderte Nachfrage in den sozialen Milieus Ostdeutschlands.

3.2 Betrachtete Untersuchungsgruppe

3.2.1 Auswahl der untersuchten Haushalte

Betrachtet werden drei Haushalte in der Stadt Görlitz. Kriterien für die Wahl der Haushalte waren:

a) die Stadt Görlitz ist langjähriger Wohnsitz,

b) die Haushalte können der sozialen Mittelschicht zugeordnet werden[89],

c) die Haushalte haben die Wende aktiv miterlebt,

d) sie können Einblick in die Entwicklung ihrer Wohnungseinrichtung ab 1989 geben,

e) sie besitzen Fotomaterial, welches ihre Wohnverhältnisse in den Jahren 1989 bis ca. 1994 andeutet.

Mit der Befragung von lediglich drei Haushalten kann die gesellschaftliche Breite und somit ihr differenziertes Einrichtungsverhalten nicht gezeigt werden. Es wurde versucht, die hier erfassten Haushalte aus jeweils unterschiedlichen sozialen Milieus zu wählen, so dass sich zumindest ein gewisses Spektrum an ästhetischen Verhaltensweisen der Mittelschicht andeuten lässt.

3.2.2 Charakteristika der gewählten Haushalte

Herr A, geboren 1955, arbeitet als Dipl.-Ingenieur; Frau A, geboren 1961, ist staatlich anerkannte Erzieherin. Von 1986 bis 1990 wohnten sie in einem Altbau im Görlitzer Stadtteil Rauschwalde. Die 50qm Wohnfläche verteilten sich auf eine Küche, einen Flur und zwei Zimmer. Das Bad befand sich im Keller, die Toilette auf halber Treppe. 1987 und 1986 Geburt der Kinder. Aufgrund der engen Wohnverhältnisse wurden die Räume nicht zweckgebunden genutzt. Das Wohnzimmer diente als Kinderzimmer und das Schlafzimmer tagsüber als Gesellschaftsraum. Dazu wurden die Betten als Sofa genutzt. Im Mai 1990 zog Familie A innerhalb des Stadtteils in eine größere Wohnung um: Wohnzimmer, Kinderzimmer und Schlafzimmer (welches auch weiterhin als

---

[89] Die Autorin beschränkt sich bei dieser Erhebung auf die soziale Mittelschicht, da die Erfassung auch anderer sozialer Segmente den Erkenntnisprozess erschwert. Man kann davon ausgehen, dass die so gewählten Haushalte ähnliche Ansprüche und Verhaltensweisen zeigen. Des Weiteren verspricht sich die Autorin von ihnen eine kritische Auseinandersetzung mit den Einrichtungs-Trends der Nachwendezeit. Ausschlaggebend für die Einstufung in die soziale Mittelschicht sollen hier Werteorientierung, sozialer Status und lebensweltliche Verankerung sein.

Mehrzweckraum genutzt wurde[90]), Bad und kleine Küche. Zugunsten einer größeren Küche wurde der angrenzende Balkon zu einer wetterfesten Küchensitzecke umgebaut.

Herr B, geboren 1947, Maschinenbaumeister, und Frau B, geboren 1953 und als Ingenieur für Hochbau tätig, bezogen 1984 eine historische Altbau-Wohnung in der Görlitzer Innenstadt. Zu diesem Zeitpunkt hatten sie bereits drei Kinder; bis 1988 folgten weitere zwei. Die Wohnung galt von öffentlicher Seite aus als nicht ausbaufähig, so dass Familie B diese im eigenen Interesse selbst renovierte.[91] 240qm Wohnfläche boten Raum für eine Küche, ein Bad, ein großes Wohnzimmer, ein Arbeitszimmer, vier Kinderzimmer, ein Schlafzimmer, eine Speisekammer, ein Fotolabor und einen sehr großräumigen Flur. Die einst offene Veranda wurde verglast und konnte bei Bedarf als weitere Sitzecke genutzt werden. Die Großzügigkeit der Wohnung ermöglichte es Familie B die Räume sehr speziell und monofunktional zu nutzen. 1992 zogen sie aufgrund der Wende-bedingten Mieterhöhungen in eine kleinere Wohnung ins Stadtgebiet Rauschwalde um.

Herr C, geboren 1956, studierte Ingenieurswissenschaften, und Frau C, geboren 1955, arbeitete als Lehrerin. Von 1980-1995 bewohnten sie eine 3-Raum-Wohnung in der Görlitzer Innenstadt. Die 72qm Wohnfläche verteilten sich auf Küche, Bad, Wohnzimmer, Schlafzimmer und ein Kinderzimmer. Da ihnen vor der Geburt ihres Kindes 1989 eine solch große Wohnung nicht zustand mussten sie zeitweise Alleinstehende oder Studenten als Untermieter aufnehmen. 1995 zog Familie C in ein kleineres Mehrfamilienhaus in die äußere Innenstadt um.

---

[90] Ein mono-funktional genutztes Schlafzimmer realisierte Familie A erst mit dem Bau eines Eigenheims im Jahr 2000.

[91] Im Dezember 1989 gab es in Görlitz ca. 5000 Wohnungssuchende. Dem standen 7000 leer stehende Wohnungen in der Altstadt gegenüber. Vgl. Schneider, 1991, S.105.

Habitus	Traditionell		Moderne Mitte	Modern
Oberklasse	Rationalistisch-technokratisches Milieu	Bürgerlich-humanistisches Milieu **C**	**A** Linksintellektuell-alternatives Milieu	
Mittelklasse	Kleinbürgerlich-materialistisches Milieu **B**		Status- und Karriereorientiertes Milieu	Sub-kulturell. Milieu
Arbeiter	Traditionsverwurzeltes Arbeiter- und Bauernmilieu		Traditionsloses Arbeitermilieu	Hedonist. Arbeiter-Milieu

Abbildung 6: habituelle Lage der befragten Haushalte
Eigendarstellung nach Vester

3.3 Ergebnisse der Erhebung[92]

3.3.1 DDR-Einrichtungspräferenzen und Wertedimension der Einrichtung

Familie A pflegte einen alternativen Lebensstil, welcher sich auch in der Wohnungseinrichtung widerspiegelte. Raufasertapete und Maisstrohmatten galten als ‚Naturnahe' und dabei auch günstige Produkte. Ihr Mobiliar setzt sich zusammen aus selbst gewählten Antiquitäten (da im An- & Verkauf verhältnismäßig günstig) und Objekten wie der Schrankwand, welche dem individuellen Stil des Haushaltes widersprechen, aber durch ihre Zweckmäßigkeit bzw. durch den Umstand, dass sie ein Geschenk waren, in den Wohnraum integriert wurden. Antiquitäten galten allgemein als Einrichtungslösung für jene, die sich innenarchitektonisch stilvoll von der Masse absetzt wollten bei gleichzeitig beschränkten finanziellen Möglichkeiten. Darüber hinaus nahm die kreative und handwerkliche Gestaltung des Wohnraumes bei Familie A einen hohen Stellenwert ein. Der Wunsch, sich mit einem individuellen Einrichtungsstil umgeben zu können schlug sich auch in der Wohnungswahl nieder. Die standardisierten Grundrisse der Plattenbauten ermöglichten aus ihrer Sicht in der Wohnungseinrichtung kaum Variation.

---

[92] Vgl. Auswertung der Haushaltsbefragungen siehe Anhang: 8.2.-8.4.

Familie B zog den Bezug einer Plattenbauwohnung ebenfalls nicht in Betracht, wenn auch weniger aufgrund der Realisierung eines individuellen Wohnstils, als vielmehr wegen des unattraktiven Wohnumfeldes. Auch sie griffen bei ihrer Wohnungsausstattung auf günstig zu erwerbende Antiquitäten zurück. Aufgrund der enormen Freiheiten der historischen Altbauwohnung konnten sie sich auch ausladende Sekretäre und Schmuckelemente wie z.B. die Standuhr leisten. Damit etablierte sich großbürgerliches Wohnambiente, das jedoch von Familie B nicht explizit angestrebt wurde – er ist vielmehr pragmatisch zu bewerten. Die Ausschmückung des Wohnraumes mit kreativen Elementen war weniger bedeutend.

Auch Familie C umgab sich mit einer großbürgerlichen Wohnatmosphäre; jedoch wurde sie bei ihnen – anders als bei Familie B – bewusst angestrebt; zur Realisierung ihrer individuellen Einrichtungsvorstellungen. Anders als bei Familie A und B hätte Familie C aufgrund einer relativ guten finanziellen Stellung auf höherwertige Produkte des DDR-Möbel-Spektrums zurückgreifen können. Bei Haushaltsauflösungen erworbene Antiquitäten boten durch ihre individuelle Optik, als auch durch ihre Geschichtsträchtigkeit, für Familie C eine höheren ästhetischen Wert, als die sonst erhältlichen ‚uniformen' Schrankwände.

Es zeigt sich in dieser qualitativen Erhebung deutlich, dass Antiquitäten ein sehr hoher Stellenwert bei der Realisierung eines individuellen Einrichtungsstils zugesprochen werden kann. Umso mehr, da sie scheinbar in breiten Teilen der Bevölkerung Akzeptanz fanden. Andererseits betonten alle drei befragten Haushalte, dass sich ihr Einrichtungsstil von der Masse der DDR-Einrichtungsstile unterscheide.

3.3.2 Erreichbarkeit für westliche Wohnleitbilder

Familie A bezog über westdeutsche Verwandte Quelle- und Neckermannkataloge. Sie waren demnach mit westdeutschen Wohnleitbildern gut vertraut, wenn auch die Produkte selbst ihren stilistischen Vorstellungen selten entsprachen. Außerdem konnte sich Herr A bei einem Besuch in Westen Deutschlands mit dem dortigen Einrichtungsverhalten vertraut machen.

Auch Familie C war durch persönliche Besuche in der BRD, Besuch aus der BRD und diversen Westzeitungen gut über dortige Einrichtungtrends informiert. Anders als Familie A konnten sie sich aber bei der Beurteilung westdeutscher Einrichtungsstile überwiegend nur auf das Einrichtungsverhalten von Verwandten und Bekannten beziehen und nicht wie Familie A und ihrer Katalog-Lektüre die ganze Breite der Angebotspalette reflektieren.

Familie B hingegen hatte keinerlei Bezug zu westdeutschen Einrichtungstrends. Sie bezogen auch keine Medien, welche dies hätten vermitteln können.[93] Aufgrund ihrer 1984 komplett eingerichteten Wohnung bestand ihrerseits auch kein Interesse an Neuanschaffungen und somit auch kein Interesse, sich mit aktuellen Einrichtungstrends auseinanderzusetzen.

Es zeigt sich, dass zum einen diverse Haushalte sehr gut über westdeutsche Wohnleitbilder informiert waren, andererseits einige Haushalte völlig vom Informationsfluss ausgeschlossen waren. Letzteres kann in dieser qualitativen Erhebung jedoch nur mit einer lebenszyklisch bedingten Bedürfnislosigkeit erklärt werden.

3.3.3 Empfänglichkeit für westliche Wohnleitbilder im Kontext eines individuellen ästhetischen Bewusstseins

Familie A war mit westdeutschen Wohnleitbildern sehr vertraut. Die eigentlichen Möbel waren für sie jedoch nicht so beeindruckend und erstrebenswert, wie deren wohnlicher Kontext. Die Großzügigkeit der westdeutschen Innenraumgestaltung imponierte und entsprach dem Bedürfnis der Familie A nach luftigen, hellen Räumlichkeiten. Darüber hinaus mussten Möbel für sie zweckmäßig und kinderfreundlich sein. Es bestand ein großer Wunsch nach natürlichen Materialien – insbesondere nach hölzernen Bodendielen. Das Bedürfnis nach Natürlichkeit konnte aufgrund der finanziellen Mittel nur durch Holz-Imitierende Schaumstoff-Deckenplatten befriedigt werden. Des Weiteren konnte sich Familie A für die neu angebotenen hellen, leichten Polstermöbel und perfekte Einbauküchen begeistern. Familie A pflegte einen alternativen Lebensstil mit Konzentration auf Selbstverwirklichung und kann somit, zumindest teilweise, dem ‚alternativen Milieu' zugeordnet werden. Sie haben einen ausgeprägten individuellen Stil, welcher stark auf eigener Handwerklichkeit und Kreativität beruht. Aufgrund der beengten Wohnverhältnisse werden die Räume sehr multifunktional genutzt. Das Ästhetische im Sinne eines individuellen Einrichtungsstils wurde hier dem Funktionalen übergeordnet.

---

[93] Vgl. Schneider, 1991, S.98: „Gerade in Görlitz leidet man unter Informationsmangel [...]. Erstmals höre ich den Begriff ‚Tal der Ahnungslosen'. Erst seit Sommer [1989, A. d. A.] könne man in einigen Teilen der Stadt Westfernsehen empfangen, über Satellit und daher kein ARD oder ZDR, dafür SAT 1, RTL und 3 Sat.

Im Haushalt B kam der Inneneinrichtung ein anderer Stellenwert zu. Der Wunsch, mit allem ‚Nötigen' ausgestattet zu sein hatte eine höhere Priorität als die Ästhetik der einzelnen Einrichtungsgegenstände. Das könnte auf eine grundsätzlich höhere Bereitschaft hinweisen, auf dem Markt erschienene Neuheiten zu erwerben. Dennoch zeigt sich bei Familie B eine sachliche Betrachtung des Nutzens und der Notwendigkeit von Neuschaffungen. Dies ist aber auch auf die Mitte der 80-er Jahre neu erworbene, komplette Wohnungsausstattung zurückzuführen. Familie B kann als Vertreter des ‚kleinbürgerlich-materialistischen Milieus' verstanden werden. Wobei hier die grundsätzlich Konsumfreude bei dennoch sachlich wertender Attitüde hier durch den lebenszyklischen Umstand einer bereits erheblichen Bedarfsdeckung relativiert wird. Aufgrund der großzügig angelegten Wohnung konnten die Räume sehr spezifisch und monofunktional genutzt werden. Ein individueller Einrichtungsstil kristallisierte sich weniger stark heraus. Die Orientierung am Großbürgerlichen wurde durch die Wohnungswahl begünstigt und durch die günstig erwerbbaren Stilmöbel untermauert. Das großbürgerliche Wohnambiente wurde von Familie B weniger als Statusdemonstration oder sozialer Grundorientierung angesehen sondern vielmehr als jener Einrichtungsstil, welcher am besten zu den lebenszyklischen Notwendigkeiten passte: große Räume, keine Kompromisse durch multifunktionale Nutzung und Mobiliar, welches trotz seines Wertes den Ansprüchen einer kinderreichen Familie genügte.

Auch Familie C – als Vertreter des bürgerlich-humanistischen Milieus – hatte sich ein großbürgerliches Wohnambiente geschaffen. Sie selbst würden ihren Einrichtungsstil als ‚konservativ' beschreiben. Mobiliar der Biedermeier-Zeit bot für sie eine Möglichkeit, sich wohnlich und individuell einzurichten, ohne auf Massenfabrikate zurückzugreifen. Das Mobiliar setzt sich aus unterschiedlichen Epochen zusammen, wirkt aber durch einen einheitlichen Holzton (Nussbraun) geschlossen. Aufgrund der verhältnismäßig großen Wohnung (und deren 15-jährigen Nutzung) hatte Familie C schon bis zur Wende räumliche als auch zeitliche Möglichkeiten, sich umfangreich einzurichten. Daraus resultiert auch die überwiegend monofunktionale Nutzung der Räume. In dieser Zeit konnte sich ein individueller Einrichtungsstil herausbilden und verfestigen.

Bei allen drei befragten Haushalten zeigt sich eine verhältnismäßig geringe Empfänglichkeit für westdeutsche Wohnleitbilder. Familie C hat zwar einen nicht so spezifischen individuellen Einrichtungsstil wie die alternative Familie A, konnte diesen aber umfassender Umsetzen, was sich wiederum in dem sehr geringen Maß an Neuanschaffungen widerspiegelt. Familie A hatte sehr konkrete ästhetische Vorstellungen, aber scheinbar weniger Möglichkeiten als Familie C, diese schon zu DDR-Zeiten umzusetzen. Daher nutze Familie A nach der Wirtschafts- und Währungsunion jede Produkte, welche eine Realisierung ihres individuellen Stils ermöglichten. Familie B war aufgrund einer bereits lebenszyklisch bedingten Bedürfnisbefriedigung ebenfalls nicht sonderlich stark an westdeutschen Wohnleitbildern und deren Übertragung auf den eigenen Wohnraum interessiert.

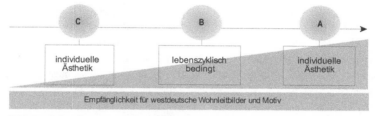

Abbildung 7: Empfänglichkeit der befragten Haushalte für westdeutsche Wohnleitbilder
Eigendarstellung

Alphons Silbermann argumentierte in seinen Erhebungen, dass „Eine stärkere Multifunktionalität in relativer Abstufung für beinahe alle Wohnräume der ostdeutschen Wohnung [...] als ein im Osten geringeres Ausmaß von Stilbildung zu begreifen"[94] sei. Dem kann nach den Erkenntnissen dieser qualitativen Erhebung nicht zugestimmt werden; es zeigt sich eher ein gegensätzliches Bild. Haushalt C nutze seine Räumlichkeiten überwiegend monofunktional, Haushalt B sogar stark monofunktional (bis hin zur Spezialisierung ‚Fotolabor'). Aber trotz der starken monofunktionalen Nutzung ist es gerade Haushalt B, dem unter den befragten Haushalten das geringste Maß an Ausprägung eines individuellen Stils zugesprochen werden kann. Entgegen der Erkenntnis von Silbermann zeigt der Haushalt A trotz seiner stark multifunktionalen Nutzung der Räumlichkeiten das größte Maß an einem ausgeprägten Einrichtungsstil wieder.

---

[94] Silbermann, 1993, S.142.

Es lässt sich weiterhin aus der Erhebung ableiten, dass eine monofunktionale Nutzung der Räumlichkeiten nur in jenen Haushalten möglich war, die große bis überdurchschnittliche Wohnflächen zur Verfügung hatten. Familie A war aufgrund ihrer beengten Wohnsituation zur multifunktionalen Nutzung der Räume gezwungen. Laut den Erkenntnissen der qualitativen Erhebung in der Görlitzer Mittelschicht kann gezeigt werden, dass das Kriterium der Monofunktionalität nicht automatisch auf ein ausgeprägtes Stilempfinden hinweisen kann, da die üblicherweise beengten Wohnverhältnisse einer natürlichen/individuellen Herausbildung von Monofunktionalität (als Indikator für Stilempfinden) entgegenstanden.

3.3.4 Wandel der Einrichtungspräferenzen seit der Wirtschafts- und Währungsunion

Familie A hatte seit der Wirtschafts- und Währungsunion jene Produkte gekauft, welche sowieso ersetzt werden mussten. Trotz diverser Konsumwünsche erwarben sie verhältnismäßig wenige Güter neu. Die hellen, weniger massiven Couchgarnituren und die perfekt ausgestatteten Einbauküchen (Kauf 1995) überzeugten dennoch. Darin spiegelt sich der Wunsch nach Luft und Licht – in der Küche erreichbar durch optimale Platznutzung einer Einbauküche. Andere Einrichtungsgegenstände, insbesondere Schrankwände fanden bei Familie A wenig Akzeptanz. Sie seien für die ostdeutschen Grundrisse nicht ausgelegt gewesen – zu groß und zu wuchtig. Bei dem Erwerb von technischen Haushaltsgegenständen wurden u.a. auch Produkte erworben, deren Nutzen oder Notwendigkeit überschätzt wurde.

Familie B konnte bei sich keine bedeutenden Veränderungen im Einrichtungsverhalten ausmachen. Das Mobiliar von 1984 wurde weiterhin als zeitgemäß empfunden und diente überwiegend bis 2005. Relativ zeitnah zur Wirtschafts- und Währungsunion wurden teure westdeutsche Haushaltsgeräte erworben, welche jedoch den Erwartungen nicht Stand hielten. 1996 kaufte sich Familie B eine Einbauküche.

Familie C hatten aufgrund einer schon zu DDR-Zeiten gelungenen Umsetzung des individuellen Einrichtungsstils unter den befragten Haushalten das geringste Bedürfnis nach Neuanschaffungen. Den Wohnungswechsel 1995 nutzen aber auch sie, um sich mit jenen Gütern neu auszustatten, welche dringend ersetzt werden mussten. So z.B. der Neukauf einer Couch, nachdem die alte zerbrach und neue technische Haushaltsgeräte wie Kühlschrank und Waschmaschine.

Alle drei befragten Haushalte wiesen ein relativ stark reflektierendes Verhalten gegenüber möglicher Neuanschaffungen auf. Familie A wählte jene Produkte, mit denen sie sich endgültig die Realisierung ihrer individuellen Einrichtungsvorstellungen erhofften. Die Haushalte B und C meinten, keine größeren Anschaffungen tätigen zu müssen. Die Familien A und B realisierten in den Folgejahren der Wende das Wohnleitbild der Einbauküche.

3.4 Zusammenfassung und Wertung

Diese qualitative Erhebung der sich wandelnden Einrichtungspräferenzen in drei Görlitzer Haushalten zeigt, dass die befragten Haushalte die mit der Wirtschafts- und Währungsunion aufkommende Angebotspalette relativ stark reflektierten und somit ein verhältnismäßig geringes Maß an Neuanschaffungen aufwiesen.

Erreichbarkeit für westliche Wohnleitbilder	A > B > C
Empfänglichkeit für westliche Wohnleitbilder	A > C > B
Ausprägung eines individuellen Stils	A > C > B
Rationalität in der ästhetischen Beurteilung	C > B > A

Abbildung 8: Ergebnis-Matrix zum Wandel ästhetischer Präferenzen in Görlitz
Eigendarstellung

Westdeutsche Wohnleitbilder waren zwei der drei befragten Haushalte gut bekannt; dennoch scheint die Görlitzer Mittelschicht laut dieser Stichprobe verhältnismäßig unempfänglich für westdeutsche Wohnleitbilder zu sein. Es muss jedoch bedacht werden, dass die Erhebungsgruppe nicht hinreichend repräsentativ ist, um auf die ganze Mittelschicht der Stadt Görlitz schließen zu können. Die Haushalte A und C – als Vertreter des ‚alternativen Milieus' und des ‚bürgerlich-humanistischen Milieus' konsumieren aufgrund ihrer allgemeinen Wertvorstellungen vergleichsweise wenig. Die Akzeptanz westdeutscher Wohnleitbilder ist in Familie B als Vertreter des ‚konsummaterialistischen Milieus' nicht hinreichend aussagekräftig, da sie sich bereits früher sehr umfangreich ausstatten konnten und keine elementaren Bedürfnisse nach Neuanschaffungen mehr bestanden. Die breite Schicht der hedonistischen Milieus und Arbeitermilieus wurde in dieser Erhebung nicht erfasst. Gerade diese Milieus lassen aber aufgrund ihrer Wertvorstellungen ein besonders ausgeprägtes Wende-Konsumverhalten vermuten. Eine kulturpolitische Relevanz der Innenarchitektur kann somit anhand der drei hier gewählten Haushalte nicht hinreichend nachgewiesen werden.

Die Ergebnisse der Erhebung zeigen auch, dass die Wohnungseinrichtung mit Antiquitäten von den befragten Haushalten als eine gelungene Variante angesehen wurde, einen individuellen Einrichtungsstil zu verwirklichen, ohne große finanzielle Belastungen einzugehen und ohne auf Massenfabrikate zurückgreifen zu müssen. Es muss daher auch in Betracht gezogen werden, dass möglicherweise mit dem einsetzenden Aufkauf antiker Einrichtungsgegenstände[95] den ostdeutschen Bürgern die bisherige Möglichkeit zur Realisierung eines günstigen, individuellen Einrichtungsstils durch verringertes Angebot verweigert bzw. stark verteuert und somit erschwert wurde.

---

[95] Vgl. Schneider, 1991, S.151f.

4. Degeneration gesellschaftlicher und ästhetischer Orientierungsprinzipien

4.1 Degeneration gesellschaftlicher Rahmenbedingungen

Mit der Wiedervereinigung Deutschlands kam es für den östlichen Teil zu einschneidenden gesellschaftlichen Veränderungen. Trotz der unterschiedlichen Entwicklung der beiden deutschen Staaten kamen nun auch schlagartig in der ehemaligen DDR „[...] soziale und normative Strukturen [...] zur Geltung [...], die im Westen auf einer mindestens 40 Jahre währenden Entwicklung basieren."[96]

> [...] die Geltung gleicher kulturell vorgegebener Werte und Ziele für alle Gesellschaftsmitglieder bei gleichzeitig ungleicher Verteilung der Mittel, diese Ziele zu erreichen – ein Zustand, der leicht zu individuellen Fehlanpassungen und sozialer Desintegration führt.[97]

Hinzu kam die zunehmende Individualisierung und somit eine Degeneration der Lebensweisen, des Freizeitverhaltens und dem Stellenwert des Wohnens.[98] Vielen Ostdeutschen wurde „[...] durch die Vereinigung immer klarer [...], dass sie von dieser ‚Lebensstilkultivierung' und den dadurch gewährleisteten Chancen zu weiten Teilen ausgeschlossen sind."[99]

An die lebensweltliche Differenzierungstendenz schloss sich eine Options-Pluralität, welche für die Bewohner Ostdeutschlands in dieser Ausprägung unbekannt und ungewohnt war. Bekannte Organisationsformen und Gremien wurden durch neue ersetzt, Verwaltungsgebiete neu geordnet, politisches Umdenken instruiert und die langjährige Arbeitsstelle womöglich gekündigt. Diesem Maß an Verunsicherung konnten nicht schnell genug neue, stabile Orientierungsprinzipien entgegenwirken. Die gesamtstaatliche Vereinigung fand ihren Niederschlag in institutionalisierten Ordnungsprinzipien. Individuelle Orientierungsprinzipien – hinsichtlich der Lebensführung, der Moden und Alltagsästhetiken – blieben jedoch überwiegend der Selbstregulation des freien Marktes überlassen.

---

[96] Silbermann, 1993, S.74.
[97] Ebd., S.75f.
[98] Vgl. Ebd., S.74.
[99] Ebd., S.75.

4.2 Unsicherheit bei ästhetischen Entscheidungsprozessen

4.2.1 Suggerierte Anspruchsveränderung und Unzufriedenheit durch Öffnung des ostdeutschen Marktes

Anspruchsveränderungen gehen am Offensichtlichsten mit den Abläufen im individuellen Lebenszyklus einher. In Ostdeutschland wurden jedoch das bisherige Anspruchsverhalten und somit auch die geltenden Werteelemente beim Wohnerlebnis zusätzlich durch die deutsche Vereinigung geprägt.[100] Laut einer Befragung von Silbermann haben 22% aller westdeutschen Befragten, aber 44% aller ostdeutschen Befragten veränderte Ansprüche an die Wohnungseinrichtung bei sich wahrgenommen.[101] Da Einrichtungspräferenzen in Westdeutschland kaum durch jene aus Ostdeutschland beeinflusst wurden, kann man davon ausgehen, dass die 22% der westdeutschen Befragten eine lebenszyklisch- bedingte Anspruchsveränderung durchlebt haben. Angenommen, dass in Ostdeutschland der Lebenszyklus einen ähnlich hohen Anteil hat, hätten demnach ca. 22% aller Ostdeutschen Befragten ihre Ansprüche an Einrichtungsgegenstände nur aufgrund der Vereinigung verändert. Einem anderen Ansatz von Silbermann nach, standen „[...] bei mindestens der Hälfte aller Befragten, die Anspruchsveränderungen bei sich wahrgenommen hatten, diese im Zusammenhang mit der deutschen Vereinigung und der dadurch verursachten Umstrukturierung des ostdeutschen Marktes [...]."[102]

Trotz veränderter Ansprüche geben die Ostdeutschen in ihrem Konsum der Befriedigung von Grundbedürfnissen der Wohnausstattung, z.B. durch den Einbau von Sanitäranlagen, den Vorrang vor Veränderungen, welche eine Erhöhung des Wohnkomforts hinsichtlich Luxus oder besserer ästhetischer Gestaltung mit sich bringen.[103] Rationalität kann somit als vordergründiges Entscheidungsprinzip in Ostdeutschland verstanden werden und wird auch trotz lockender Wohnleitbilder nicht gänzlich außer Kraft gesetzt.[104]

Das Ausmaß, diese alltagsästhetischen Veränderungen mit zu tragen, ist in Ostdeutschland abhängig von der wirtschaftlichen Entwicklung und der Schnelligkeit der sozialen, kulturellen und materiellen Anpassungsprozesse.[105]

---

[100] Vgl. Ebd., S.124.
[101] Vgl. Ebd., S.125.
[102] Ebd., S.129.
[103] Vgl. Ebd., S.89.
[104] Vgl. Ebd., S.136.
[105] Vgl. Ebd., S.93.

Die Gründe für die Wende-bedingten Anspruchsveränderungen können wohl in erster Linie in der Unzufriedenheit mit dem DDR-Möbelangebot gesucht werden. Mit dem Auftreten westdeutscher Wohnleitbilder und der Etablierung westlicher Einrichtungs-Märkte in Ostdeutschland wurden vielen ehemaligen DDR-Bürgern die Unzulänglichkeiten ihrer Wohnungsausstattung erst bewusst.[106] Auch die mit der deutschen Vereinigung wachsenden Ansprüche an die Wohnungseinrichtung riefen größere Unzufriedenheit hervor.[107]

4.2.2 Ästhetische Urteilsunsicherheit und Bedeutungswandel des Werte-basierenden Konsums

Bei der Beurteilung der Fähigkeit, inwieweit sich die ostdeutschen Bürger auf dem sich ihnen neu bietenden Einrichtungsmarkt selbstständig orientieren konnten ist zu bedenken, dass sie mit ästhetischen Orientierungsmöglichkeiten viel weniger Erfahrung hatten, als ihre westdeutschen Mitbürger.[108] Schaufenstergestaltung und Kundenberatung konnten – auch bedingt durch die begrenzte Angebotspalette – nicht das Maß an Attraktivität und Akzeptanz entwickeln, wie in der BRD. Auch die Erfahrung „[...] aus einer Vielzahl angebotener Produkte nach Vorlieben und ökonomischen Kriterien auswählen zu können, sind für die meisten Bewohner Ostdeutschlands völlig neu."[109]

In den Jahren der Teilung hatten sich in den beiden deutschen Staaten unterschiedliche Wohnleitbilder herausgebildet. Als die ostdeutschen Käufer mit der Wirtschafts- und Währungsunion nun auch westdeutsche Einrichtungsgegenstände erwerben konnten, wussten sie aber nur bedingt um die soziokulturelle Entwicklung der jeweiligen Wohnleitbilder. Stilrichtungen, wie z.B. der als ‚englisch' bezeichnete Stil konnte sich in dieser Intensität nur im Westen Deutschlands herausbilden. Mit dem Wissen um die Entwicklung der Einrichtungsstile oder auch um kurzlebigere Mode-Erscheinungen verbunden ist auch das Wissen um die Angemessenheit der Einrichtungsgegenstände zu wohnlichem Umfeld und sozialer Position. Für ostdeutsche Konsumenten bestand daher die Gefahr, ohne diesen soziokulturellen Wissenshintergrund, Einrichtungsgegenstände zu erwerben, welche von westdeutschen Bürgern anders bewertet werden würden als von ostdeutschen. Um diesem Konflikt der soziokulturellen Stil-(un-)Sicherheit zu entgehen orientierten sich

---

[106] Vgl. Ebd., S.83.
[107] Vgl. Ebd., S.143.
[108] Vgl. Ebd., S.117.
[109] Ebd.

viele Ostdeutsche an jenen Produkten, welche weniger differenziert und „[...] mit sehr allgemeinen Werthaltungen [...]"[110] einfach zu erklären sind. So kann die Bevorzugung des ‚erlesenen' und des ‚funktionalen' Stils in Ostdeutschland damit begründet werden, dass sie geeignet sind, Aktualität, Modernität und Jugendlichkeit zu assoziieren (funktionaler Stil) bzw. ein „[...] mit vorgestellter Bürgerlichkeit assoziiertes Orientierungsmuster anbietet" (erlesener Stil).[111] Zusätzlich sind beide Stile geeignet, um Wohlstand zu symbolisieren.

Damit kann gezeigt werden, dass die Kaufentscheidung anhand individueller Wertvorstellungen durch zunehmend stärkere soziale Orientierung abgelöst wird. Das Bewusstsein um den abrupten Wandel ästhetischer Normen und Moden erfordert – zur Sicherung der sozialen Position – eine stärkere soziale Rückkopplung. Das Wissen um die Ästhetik ‚der anderen' sichert eine gelungene alltagsästhetische Integration in das neue – vereinte – Deutschland. Die einst stark individuelle Entscheidung um die Gestaltung des Wohnraums wird nun zunehmend durch den sozialen Kontext geprägt. Neben der Ausrichtung hin zu einem ‚so wohnt man jetzt nun mal in der BRD' existiert auch die Übernahme jener Werte, welche für die persönliche Integration in den alltagsästhetischen Vereinigungsprozess als nützlich erachtet werden. Dies zeigt sich im Kauf jener Einrichtungsgegenstände, welche z.B. Sicherheit, Modernität, Wohlstand und Zeitlosigkeit ausstrahlen.

4.3 Begründung einer eingeschränkten Konsumentensouveränität

Das ostdeutsche Unwissen um den soziokulturellen Hintergrund westdeutscher Wohnleitbilder kann als eine eingeschränkte Konsumentensouveränität verstanden werden. In den beiden deutschen Teilen bestand hinsichtlich der westlichen Wohnleitbilder ein unausgeglichenes Informationsverhältnis und somit keine ausreichende Markttransparenz. Die Kenntnis um die Bedeutungsebene der Einrichtungsgegenstände war im Westen aufgrund der jahrzehntelangen Vertrautheit stärker ausgeprägt als im Osten Deutschlands und schränkte somit die Souveränität der ostdeutschen Konsumenten ein.

---

[110] Ebd., S.134.

[111] Ebd. Bei allen anderen Einrichtungsstilen tritt die Symbolisierung der Gegenpole Modernität-Konservatismus und Wohlstand-Bescheidenheit zugunsten jeweils soziokulturell spezifischerer Symbolwerte zurück.

Zwar konnten die Bürger Ostdeutschlands mit zunehmender flächendeckender Versorgung mit West-Fernsehen sich mit den soziokulturellen Bedeutungen der einzelnen Wohnleitbilder vertraut machen (das setzt Interesse und Wahrnehmungsfähigkeit voraus) , aber zum anderen waren sie – stärker als in der DDR üblich – der Werbung ausgesetzt und wurden somit zeitgleich beeinflusst.

Weiterhin bestand für die Mehrheit der ostdeutschen Konsumenten eine unvollständige Markttransparenz hinsichtlich des Preises, der Qualität und der räumlichen und zeitlichen Ausprägungen der Produkte. Es fehlte ihnen oft an Vergleichsmöglichkeiten, ob der Wert dem Produkt angemessen ist und ob er nur dem ostdeutschen oder auch dem westdeutschen Zeitgeist entspricht.

Der eingeschränkten Konsumentensouveränität der Ostdeutschen wurden keine bemerkenswerten Anstrengungen entgegengesetzt, welche zu einer verbesserten Markttransparenz hätten führen können. Der unausgeglichene Informationsfluss konnte zum Teil durch das Interesse der Ostdeutschen am westdeutschen Markt ausgeglichen werden. Ähnlich vollzog es sich mit der qualitativen Beurteilung der angebotenen (oder eben auch nicht angebotenen) Güter.

5. Kulturelle Bildung & ästhetische Erziehung

5.1 Begriffliche Abgrenzung

5.1.1 Von der Ästhetischen Erziehung zur Ästhetischen Bildung

Die von Friedrich Schiller 1795 geformte Begrifflichkeit der Ästhetischen Erziehung[112] wurde bis in die Gegenwart regelmäßig mit neuen Inhalten gefüllt. Seit den 1970-er Jahren gelten Wahrnehmungs-, Kritik- und Urteilsfähigkeit, Genussfähigkeit und Kreativität bezüglich von Gegenständen des ästhetischen Gebrauchs als Ziele der Ästhetischen Bildung.[113] Sozialpädagogen versuchten, diese Werte im Rahmen musisch-ästhetischer Erziehung oder auch Kunstpädagogik zu vermitteln aber „[...] die Freisetzung von Kreativität, konstituierend für Ästhetische Bildung, kommt unausweichlich in Konflikt mit der pädagogischen Verantwortung."[114]

Gleichzeitig nahm die sozialkommunikative Erziehung innerhalb der ästhetischen Erziehung einen wachsenden Stellenwert ein. Die Interaktionen und Wahrnehmungsweisen von Mitgliedern verschiedener sozialer Schichten, Milieus und Gruppen und deren Umwelt rückten in den Mittelpunkt kulturbezogener Sozialarbeit.[115]

Seit den 90-er Jahren wurde die ‚Ästhetische Erziehung' zunehmend durch den Begriff der ‚Ästhetische Bildung' ersetzt. Der Bildungsbegriff schien überragender als der veraltete Erziehungsbegriff, bot weniger Angriffsfläche hinsichtlich des Anscheins ‚ästhetischer Dogmatisierung und pädagogischer Richtungslosigkeit'.[116] Von Ästhetischer Bildung versprach man sich einen Brückenschlag zwischen Erziehungsanspruch und Kreativität.

---

[112] Vgl. Friedrich Schiller: Über die ästhetische Erziehung des Menschen in einer Reihe von Briefen, Reclam, Stuttgart 2000.

[113] Vgl. Georg Peez: Acht Thesen zur Zukunft der künstlerisch-ästhetischen Erwachsenenbildung. In: Schulz, Frank: Perspektiven der künstlerisch-ästhetischen Erziehung. Texte zum Leipziger Kolloquium 1996 anlässlich des 70. Geburtstages von Prof. Dr. Günther Regel, Seelze/Velber 1996, S.228ff.

[114] Georg Rosenthal: Exkurs: Ästhetische Bildung. In: www.efh-bochum.de/homepages/rosenthal/aesthetik/ExkursAesthBild.htm am 2.04.2008.

[115] Vgl. Peez. 1996, S.228.

[116] Vgl. Winfried Pauleit: Ästhetische Erziehung. Ästhetische Erziehung im Medienzeitalter, 2004, In: www.aesthetikundkommunikation.de/?artikel=22 am 3.04.2008.

Sie beschäftigt sich stärker mit den Interaktionen zwischen Kunst und Ästhetik auf der einen Seite und dem Menschen und der Gesellschaft auf der anderen. Ästhetische Bildung kann somit tendenziell als weniger Gegenstands-fokussiert als ihr Vorgängerbegriff angesehen werden.[117]

5.1.2 Kulturelle Bildung

Die kulturelle Bildung zielt darauf ab, die Errungenschaften der ästhetischen Bildung (Wahrnehmungs-, Kritik- und Urteilsfähigkeit, Genussfähigkeit und Kreativität) aktiv in die Gesellschaft einzubringen. Kulturelle Bildung meint also die ‚Bildung zur kulturellen Teilhabe' in Form von Partizipation am künstlerisch-kulturellen Geschehen einer Gesellschaft und ihren allgemeinen Handlungsweisen.[118]

Kulturelle Bildung ist damit wichtiger Bestandteil der allgemeinen Bildung. Mit Hilfe von ästhetischer Kompetenz setzt sich der Mensch bei der Aneignung kultureller Bildung – üblicherweise durch die Künste – mit sich und seiner Umwelt auseinander. Sie befähigt uns somit zur erfolgreichen Teilnahme kultureller Kommunikation und somit zur allgemeinen gesellschaftlichen Teilnahme.[119] Erst kulturelle Bildung ermöglicht durch ihren Gesellschaftsbezug, ästhetische Bildung in die Persönlichkeitsentwicklung des Einzelnen einfließen zu lassen.

Kulturelle Bildung ist überwiegend institutionalisiert; im öffentlichen wie privatwirtschaftlichem Sektor finden sich diverse Bildungsangebote. Die traditionellen Kultureinrichtungen (Theater, Museen etc.) wirken durch ihre Arbeit für die Besucher de facto immer kulturell bildend.[120] Darüber hinaus hat in den letzten Jahren die bewusste Vermittlung von kultureller Bildung – basierend auf dem Gedanke des ‚Bildungsauftrages' – in diesen Institutionen zugenommen.

---

[117] Vgl. Pauleit, 2004, am 3.04.2008.
[118] Vgl. Karl Ermert: Was ist kulturelle Bildung, 2007,
   In: www.bpb.de/themen/Y4KBG5,2,0,Was_ist_kulturelle_Bildung.html am 9.02.2008.
[119] Vgl. Ebd.
[120] Vgl. Ebd.

5.2 Kulturelle Bildung als Kraftfeld der Kulturpolitik

5.2.1 Der Staatliche Bildungsauftrag und seine kulturpolitische Verankerung

Die Bundesrepublik sieht sich nicht ausschließlich als Rechtsstaat, sondern spätestens mit der Formulierung des Einigungsvertrages auch als ‚Kulturstaat'.[121] Sie versteht dabei neben der Gewährleistung von Rechtsstaatlichkeit auch die Förderung eines kulturellen Bewusstseins als nationale Aufgabe. Dabei darf jedoch die Förderung kultureller Belange nicht mit einem direkten Eingriff in den ‚künstlerischen Freiheitsraum' verbunden sein.[122] „‚Kunst ist einer staatlichen Stil- oder Niveaukontrolle nicht zugänglich.' So deutlich formulierte es das Bundesverfassungsgericht [...]."[123]

In der Position Deutschlands als Kulturstaat nimmt die Kulturelle Bildung neben der formalen Bildung einen hohen Stellenwert ein. Ausgehend von der kulturpolitischen Auffassung der 70-er Jahre, wonach Kulturpolitik als kulturelle Bildungspolitik, verstanden wurde, etablierte sich die Kulturelle Bildung zu einem zentralen Inhalt deutscher Kulturpolitik.[124] Dabei misst die Kulturpolitik Kunst und Kultur neben ihrer ‚Ästhetisierung der Wirklichkeit' auch an ihrer ‚wohlfahrtsstaatlichen Bestimmung'.[125]

Die engen Beziehungen zwischen kultureller und formaler Bildung spiegeln sich in den Zuständigkeiten der Ministerien wieder. Neben der Verwaltung von Hochschulen und Universitäten, Forschungszentren, Bibliotheken und Nachwuchsförderung sind die Pflege von Kunst und Kultur, Künstlerförderung, Bildende Künste, Denkmalspflege u.ä. ebenfalls in diesem Ressort angesiedelt.[126]

---

[121] Vgl. Art. 35 Einigungsvertrag.

[122] Vgl. Dr. Otto Singer: Kulturpolitik und Parlament. Kulturpolitische Debatten in der Bundesrepublik Deutschland seit 1945. Hrsg.: Wissenschaftliche Dienste des Deutschen Bundestages, Reg.Nr.: WF X – 078/03, 22. Oktober 2003, S.9.

[123] Dr. Isabell Tillmann: Kultur, Staat, Föderalismus, Hamburg 2007, S.4.
In: www.kulturkongress.2007.niedersachsen.de/vortraege/vortrag_tillmann.pdf am 24.05.2008.

[124] Vgl. Oliver Scheytt: Kulturelle Bildung als Kraftfeld der Kulturpolitik. In: Aus Politik und Zeitgeschichte. Beilage zur Wochenzeitung Das Parlament, Hrsg.: Bundeszentrale für politische Bildung, Band B12/2003, Bonn 17.März 2003, S.7.

[125] Vgl. Michael Opielka: Kunst und Kultur im Wohlfahrtsstaat. In: Aus Politik und Zeitgeschichte. Beilage zur Wochenzeitung Das Parlament, Hrsg.: Bundeszentrale für politische Bildung, Band B12/2003, Bonn 17.März 2003, S.21.

[126] Vgl. Sächsisches Ministerium für Wissenschaft und Kultur (SMWK). www.smwk.sachsen.de am 2.05.2008.

5.2.2 Verfassungsrechtliche Reichweite der Kulturpolitik in Deutschland

Die Freiheit der Kunst ist in Art. 5 (3) des Grundgesetzes verankert. Ausgehend von einem bloßen Abwehrrecht staatlicher Bevormundung entwickelte sich die Freiheit der Künste im parlamentarischen Diskurs zunehmend hin zu einer Gewährleistung der Freiheit. Diese Entwicklung mündete in der Formulierung des Einigungsvertrages, wonach Deutschland lt. Art. 35 (1) ein ‚Kulturstaat' sei.[127]

Die ‚Kulturhoheit' liegt lt. Art. 30 GG, soweit nicht anders geregelt, bei den Ländern[128], dies umso mehr, da ‚[...] dem Bund in diesem Bereich nur eingeschränkte Zuständigkeiten eingeräumt sind'.[129] Städte und Landkreise können sich zugunsten eines eigenständigen Kulturauftrags auf Art. 28 (2) GG und Bestimmungen der jeweiligen Landesverfassungen berufen. Sie tragen für die lokale Kulturförderung Verantwortung und damit für den Großteil kultureller Einrichtungen.[130] Die Länder beschränken sich in ihrer Zuständigkeit auf die Förderung kultureller Institutionen und Projekte von landesweiter Bedeutung.[131]

Die kulturpolitischen Maßnahmen des Bundes konzentrieren sich hingegen auf die allgemeinen Rahmenbedingungen für kulturelle Entfaltung, die Förderung von Einrichtungen mit gesamtstaatlicher Bedeutung und dem Schutz kulturellen Erbes.[132] Der Entschluss für bundesstaatliche Kulturförderung resultiert entweder aus dem allgemeinen Verfassungsrecht, aus im Grundgesetz konkret formulierten Kompetenzzuweisung oder ‚[...] stillschweigend aus der Natur der Sache [...]'.[133] „Letzteres ist dann der Fall, wenn eine Förderung gesamtstaatliche Bedeutung hat."[134]

---

[127] Vgl. Opielka, 2003, S.21.
[128] Vgl. Singer, 2003, S.6.
[129] www.kulturportal-deutschland.de/kp/laender_start.html am 20.05.2008.
[130] Ebd.
[131] Singer, 2003, S. S.9.
[132] www.kulturportal-deutschland.de/kp/laender_start.html am 20.05.2008.
[133] Singer, 2003, S.7.
[134] Tillmann, 2007, S.6.

Zu den Bereichen einer unstreitigen Förderkompetenz des Bundes im Kulturbereich gehören vor allem die auswärtige Kulturpolitik [...], die Repräsentation des Gesamtstaates einschließlich der gesamtstaatlichen Darstellung und Dokumentation der deutschen Geschichte, die Repräsentation des Gesamtsstaates auf kulturellem Gebiet in der Bundeshauptstadt Berlin [...], der Preußische Kulturbesitz [...], die Förderung der kulturellen Einheit Deutschlands und die Unterstützung von Kultureinrichtungen in Ostdeutschland [...], die Filmförderung und Verlags- und Übersetzungsförderung [...].[135]

5.3 Bedeutung der Kulturpolitik als ästhetisch prägende Instanz

Der Kulturpolitik in Deutschland ist ein direktes Eingreifen in die künstlerische Freiheit sowie eine ‚Stil- oder Niveaukontrolle'[136] nicht möglich. Dennoch hat sie hinsichtlich ästhetischer Prägung Gestaltungsmöglichkeiten. Diese beschränken sich jedoch – aus Erfahrung um die zentral gelenkte Kulturpolitik der deutschen Vergangenheit – auf indirekte Einflussnahme und wird darüber hinaus durch das föderale System erschwert.

Einzelne Bereiche künstlerischen oder auch sozialen Schaffens können durch strukturelle Begünstigungen oder Erschwernisse gelenkt werde. Außerdem orientiert sich die finanzielle Förderung kultureller Einrichtungen durch Kommunen und Länder an dem Maß an Übereinstimmung von Institutionen- oder Projektinhalten und den Förderungszielen der Kulturpolitik. Grundsatzpapieren, wie z.B. Landeskulturkonzepte[137], können die Förderung bestimmter Kunstrichtungen betonen.

Des Weiteren besteht die Möglichkeit direkter Wertschätzung durch das Ausrufen von Wettbewerben und Preisvergaben. Dabei können einzelne Stilrichtungen und ästhetische Ausprägungen aktiv gefördert werden und könnten sich möglicherweise bei hinreichender Akzeptanz, Glaubwürdigkeit und Prestige des Preises auch auf die breite kulturelle Entwicklung niederschlagen. Die Preisträger und ihre ‚Werke' könnten Beispiel für das Gelungene oder auch Erstrebenswerte sein und somit als ästhetische Orientierung für noch Unschlüssige fungieren. Eine sorgfältig konzipierte Ausgestaltung des öffentlichen Raumes und der Verwaltungen können darüber hinaus ebenfalls die Gemeinschaft ästhetisch prägen.

---

[135] Singer, 2003, S.7.
[136] Vgl. Tillmann, 2007, S.4.
[137] Vgl. z.B. Leitlinien zur Kulturpolitik des Landes Sachsen-Anhalts, 2004. In: www.sachsen-anhalt.de/LPSA/fileadmin/Files/Landeskulturkonzept_Sachsen-Anhalt.pdf am 15.05.2008.

Auch ohne direkten Eingriff in den künstlerischen Produktionsprozess kann der Kulturpolitik somit eine gewisse ästhetische Lenkungsfunktion zugeschrieben werden. Diese sollte als qualitativer Beitrag zur ästhetisch-kulturellen Bildung der Bevölkerung verstanden werden. Außerdem kann der ‚Kulturstaat', also der Staat, der sich ‚um kulturelle Angelegenheiten kümmert'[138], neben der Gewährung künstlerischer Freiheit und Gestaltungsmöglichkeit auch als solcher verstanden werden, der es sich zur Angelegenheit macht, Kultur - in ihrer auch alltäglichen Breite – zu fördern.

---

[138] Vgl. Bernd Wagner: Kulturpolitik (3). Bildung, Demokratisierung und ‚Kulturstaat' als Legitimationsmuster. In: Kulturpolitische Mitteilungen, Nr. 118, III/2007, S.72.

6. Innenarchitektur als Aktionsfeld öffentlicher Kulturpolitik

6.1 Innenarchitektur als Feld ästhetischer Bildung

6.1.1 Ästhetische Bildung durch Innenarchitektur

Innenarchitektur und Raumgestaltung werden nach wie vor nicht als ernstzunehmende Elemente der ästhetischen Bildung verstanden. Trotz des Mitwirkens des Bundes Deutscher Innenarchitekten im Deutschen Kulturrat oder auch dem Rat für Formgebung[139] fehlt es der Innenarchitektur als ästhetischer Bildungsträger an Akzeptanz.

Dabei bündelt die Innenarchitektur mit Stil-Bildung, Farbwirkung, Raumpsychologie, Materialkunde und harmonischen Mobiliar sinnliche Kompetenzen, wie es in dieser Form keine andere Kunstrichtung aufweist. Die Wahrnehmung des dreidimensionalen Raumes und seine Wirkung auf das Individuum kann weder von der bildenden Kunst, noch von der musischen Erziehung erbracht werden. „Geschmack ist bekanntlich die Fähigkeit, mit den Sinnen zu urteilen. Kulturelle Bildung muss sich daher auf alles richten, was die Sinne affiziert."[140] Das schließt die Ausweitung auf die Bereiche der (Innen-) Architektur und des Designs mit ein.[141]

6.1.2 Zur Notwendigkeit innenarchitektonischer Bildung im Kontext der deutschen Wiedervereinigung

Der Kulturbegriff von Max Fuchs kann auch auf die Innenarchitektur übertragen werden. Nach Fuchs ist Kultur „[...] die Pflege und Gestaltung einer Lebensweise, die man in einer überlegten Art – also ‚kultiviert' – vollzieht."[142] Die Gestaltung des Wohnumfeldes eines jeden Individuums ist im starken Ausmaß mit der jeweiligen

---

[139] Vgl. Rainer Hilf: 50 Jahre Bund Deutscher Innenarchitekten. In: Innenarchitektur in Deutschland. Zwischen Tradition und Moderne. Hrsg.: BDIA, Schricker, Rudolf u.a., Verlagsanstalt Alexander Koch, Leinfelden-Echterdingen 2002, S.6.

[140] Tobias J. Knoblich: Aktivierende Kulturpolitik als Gemeinschafts- und Querschnittsaufgabe. Vortrag auf der Tagung ‚Kultur bewegt' am 22.02.2008 in der Evangelischen Akademie Tutzing. In: www.ev-akademie-tutzing.de/doku/programm/get_it.php?ID=786 am 19.05.2008.

[141] Vgl. Scheytt, 2003, S.11.

[142] Vgl. Max Fuchs: Kulturpolitik in Zeiten der Globalisierung. In: Aus Politik und Zeitgeschichte. Beilage zur Wochenzeitung Das Parlament, Hrsg.: Bundeszentrale für politische Bildung, Band B12/2003, Bonn 17.März 2003, S.15.

Lebensweise verknüpft und kann auch als dessen Indikator[143] herangezogen werden. Des Weiteren wird Innenarchitektur vom Menschen selbst als vordergründig ‚kultiviert' angesehen – je nach Ausstattung und Stil. Wohnkultur kann somit als wichtiger Bestandteil kultureller Breite verstanden werden und sollte auch von der Kulturpolitik als solches wahrgenommen werden.

Hinzu kommt die besondere Situation der Innenarchitektur im sich wiedervereinigenden Deutschland. Innenarchitektur hatte schon in den vorhergegangenen Jahrzehnten an Bedeutung verloren[144] und beschränkte sich zunehmend auf das Design von Einzelobjekten. „Die Platzierung dieser Objekte im Innenraum blieb eine bloße Addition."[145] Bei Aufeinandertreffen der westdeutschen Produkte mit den ostdeutschen Verbrauchern kam es zu nur beschränkt reflektierten Käufen.

> Ich glaube, dass die West-Produkte zunächst einmal durch ihre perfekte Verarbeitung und die perfekte Technik [im Osten, A. d. A.] beeindruckten. Diese durchgehaltene Perfektion reicht dann oft schon als Kaufkriterium aus. [...] Ein kritisches Designbewusstsein wird sich also erst nach und nach entwickeln.[146]

Der ostdeutschen Bevölkerung fehlte es an Vergleichsmöglichkeiten, um den Wert der westdeutschen Einrichtungsgegenstände einschätzen zu können. „Eine begründete Auswahl kann es nur als Wahl zwischen gleichgewichtigen Alternativen geben. Diese Alternativen überhaupt sich vorzustellen, dazu fehlt es an ästhetischer Kultur."[147]

---

[143] Vgl. Erhebungen von Schulze und der Sinus-Sociovision, weiterführend siehe Anhang: 2. Das Konzept der Erlebnismilieus von Schulze.

[144] Vgl. 1.2.1. Der Stellenwert der Innenarchitektur in Deutschland.

[145] Bazon Brock: Die Re-Dekade. Kunst und Kultur der 80er Jahre. München 1990.
In: www.bazonbrock.de/werke/werkansicht_text.php?wid=32&cid=86 am 12.02.2008 .

[146] Hans-Ulrich Werchan, im Gespräch mit Dagmar Steffen und Alexander Neumeister.
In: Ausstellungskatalog FormWende? Design in Deutschland 1991. Eine Ausstellung des Rat für Formgebung, S.26.

[147] Brock, 1990, am 12.02.2008.

Wenn also der Inneneinrichtung eine (alltagsästhetische) kulturelle Bedeutung zugesprochen werden kann, so hätte es auch kulturpolitische Relevanz. Umso mehr, da die historische Ausnahmesituation im Umgang mit ungewohnten Ästhetiken ästhetisch-kulturelle Bildungsaktivitäten verlangt hätte. Dessen ungeachtet versteht jedoch die Kulturpolitik ihre Zuständigkeit überwiegend in der Unterstützung der institutionellen Hochkultur. Baukultur, Wohnkultur oder auch das Design werden üblicherweise nicht als elementare Felder der Kulturpolitik verstanden.[148]

6.2 Innenarchitektur – Privatsphäre im öffentlichen Interesse

6.2.1 Asymmetrische Wertschätzung von Außen- und Innenarchitektur

Die (Außen-) Architektur dominiert innerhalb der baukulturellen Förderung. Denkmalschutzbehörden und Stadtplanungsämter bemühen sich um die äußere Fassade gestalterischer Privatsphäre. Neben dem Erhalt historischer Bausubstanz kann sich die Architektur darauf berufen, der allgemeinen Betrachtung ausgesetzt zu sein und ihre Attraktivität somit im Interesse der Gemeinschaft steht. Anders als die individuelle Wohnraumgestaltung repräsentiert Architektur Status, Geschichte und Anspruch einer ganzen Ortsgemeinschaft. Es vertritt als ‚Zeichen und Monument' äußere Bedürfnisse und verweist damit auf einen allgemeinen sozialen Kontext.[149]

Innenarchitektur hingegen schaffte „[...] das Milieu für menschliches Tun und Erleben."[150] Mit ihrem Einfluss auf das direkte Wohnumfeld eines Menschen kommt ihr eine besondere Verantwortung zu und grenzt sie von zur Architektur ab.[151]

---

[148] Vgl. z.B. Leitlinien zur Kulturpolitik des Landes Sachsen-Anhalts, 2004, am 15.05.2008.
[149] Schricker, 2002, S.9.
[150] Hilf, 2002, S.7.
[151] Schricker, 2002, S.11.

Innenarchitektur ist ‚umfassender', einnehmender, direkter, unentrinnbarer als Architektur. Sie ist zweckgebundener, funktionsorientierter, kontemplativer. Stofflichkeit und haptische Qualität von Materialien spielen eine große Rolle. [...] Innenarchitektur kann inszenieren und bagatellisieren, relativieren und dramatisieren. Sie kann kühl und streng, aber nie anmaßend oder totalitär sein. Innenarchitektur ist gefühlsbetonter als Architektur. Sie schafft Interieurs, die beruhigen, animieren, erheben.[152]

Es scheint jedoch so, dass der Mehrwert der Außenarchitektur für die gesamte Gemeinschaft mehr zählt, als die Summe der individuellen Mehrwerte für jeden Einzelnen durch die Innenarchitektur.

6.2.2 Innenarchitektur als Prinzip des Privaten

Im Grundgesetz wird jedem die ‚Unverletzlichkeit der Wohnung' (Art. 13 (1) GG) und das Recht auf ‚freie Entfaltung seiner Persönlichkeit' (Art. 2 (1) GG) zugesprochen. Wohnraum und Selbstentfaltung stehen dabei in engem Zusammenhang.

Der Wohnraum ermöglicht die Trennung zwischen öffentlichem und privatem Raum.[153] Mit Hilfe von Einrichtungsgegenständen und der Kreation eines persönlichen Stils wird diese Abgrenzung unterstrichen. „Der persönliche Raum wurde schon immer [...] als intimer Rückzugsort verstanden [...]. Innenarchitektur im eigentlichen Sinne gibt es solange es Menschen auf der Suche nach Rückzug und Sicherheit und innerer Identität gibt."[154] Des Weiteren „[...] zeichnet sich der private Wohnraum, anders als der öffentlichen Blicken ausgesetzten Objekten wie Kleidung oder das Automobil, aus durch ein geringes Maß an sozialer Kontrolle."[155]

Neben dem primären Bedürfnis nach Schutz erfüllt die Innenarchitektur das Bedürfnis nach Status-Demonstration und der hilft, ‚emotionale Defizite'[156] abzuschwächen. Die Ausgestaltung des persönlichen Wohnraums schafft Identifikation und Unverwechselbarkeit, fördert Ordnung und Orientierung, Intimität und Gemütlichkeit. Aufgrund der Emotionalität dieser Bedürfnisse werden sie in den meisten Fällen als privat und persönlich angesehen.[157] Im Privaten kann sich der Mensch selbst entfalten

---

[152] Hilf, 2002, S.7.
[153] Anna Brunhöber: Wohnen. In: www.rene-wickel.de/downloads/wisozgwohnen.pdf am 5.12.2007.
[154] Schricker, 2002, S.9.
[155] Kritzmöller, 1996, S.11.
[156] Ebd.
[157] Ebd.

und genießt gewisse gestalterische Freiheit. Neben dem Wunsch nach Gemütlichkeit und Ästhetik verbirgt sich hinter der (Neu-) Gestaltung des privaten Wohnbereichs auch die Demonstration von selbst bestimmtem Handeln – scheinbar losgelöst von politischen, beruflichen oder materiellen Zwängen.[158] Für dieses Maß an Freiheit und Eigenverantwortlichkeit ist das Individuum bereit hohe finanzielle Belastungen zu akzeptieren.[159]

6.2.3 Staatliche Lenkungsfunktionen versus Unantastbarkeit der Privatsphäre

Die Unantastbarkeit der Privatsphäre wird zunehmend in Frage gestellt. So wird die Entscheidung über die individuelle Lebensführung durch Maßnahmen wie z.B. dem Rauchverbot in öffentlichen Einrichtungen und Gaststätten eingeschränkt. Begründet wird dies mit dem Schutz der Nichtraucher; zielt aber auch auf die Verminderung der staatlichen Gesundheitskosten ab. Aus demselben finanziellen Beweggrund wird auch aktuell die Einführung eines ‚Ampelsystems' zur Kennzeichnung (un-) gesunder Lebensmittel diskutiert.

Die private Entscheidungshoheit über Ess- und Genussgewohnheiten wird mit dem Eingreifen des Staates abgebaut. Zwar spricht die Demokratie dem Individuum hinreichende Freiheiten zu, selbstbestimmt nachzufragen und zu konsumieren; staatliche Regulation verhindert aber mit Beschränkung des Angebots eine normale Marktregulation. Das Kaufverhalten könnte sich zugunsten der grün-gekennzeichneten Nahrungsmittel verändern – neben der bewussten Entscheidung für eine gesunde Lebensweise aber auch aufgrund der Scham, sich bewusst Ungesundes in den Warenkorb zu legen.

Somit würde die Privatsphäre – im Sinne einer souveränen Konsumentscheidung – zugunsten eines sich positiv entwickelnden Staatshaushaltes untergraben. Aus einem anderen Betrachtungswinkel könnte dies jedoch auch als Vorteil für das Gemeinwohl verstanden werden. Neben den finanziellen Vorteilen für einen Staat können solche Maßnahmen vermutlich aber auch der gesundheitlichen Bildung der Bevölkerung dienen.

---

[158] Brunhöber, am 5.12.2007.
[159] Kritzmöller, 1996, S.25.

Demnach könnte man dem Staat eine allgemeine Lenkungsfunktion zusprechen – nicht nur dem Marktangebot, sondern mittels Bildungsmaßnahmen auch dem Konsumenten gegenüber. Die Lenkung hin zu einer gesunden Lebensführung kann mit der Verhinderung von Krankheiten und dafür sinkenden Staatsausgaben gerechtfertigt werden. Aber ist es legitim, dass der Staat – über seine reine Funktion als ‚Nachtwächterstaat'[160] hinausgehend - nur dort Verantwortung für seine Bürger übernimmt – sie vor ‚schädlichen Einflüssen' bewahrt – wenn es für ihn finanziell vorteilhaft ist?

Die Prägung von Alltagsästhetik könnte unter Umständen als öffentlicher Kompetenzbereich verstanden werden. Es kann angenommen werden, dass insbesondere im Rahmen der deutschen Wiedervereinigung und dem impulsiven Wendekonsum im Osten Deutschlands eine ästhetische Lenkung durch Bildung hätte Wirkung zeigen können. Man wird jedoch davon ausgehen müssen, dass sich die staatlichen Gremien einer solchen Lenkungsfunktion nicht hinreichend bewusst sind. Zum einen gibt es für den Staat keinen Anreiz, sich über das übliche Maß hinaus zu verpflichten, zum anderen hemmt die historisch gewachsene Vielzahl an Beschlüssen und Förderrichtlinien eine nachträgliche Ergänzung staatlicher Kompetenzbereiche, welche dem bisherigen Verständnis staatlichem Agierens widersprechen. Die historische Ausnahmesituation der deutschen Wiedervereinigung hätte hier Anstoß sein können, um staatliche Zuständigkeitsbereiche und dabei unter anderem auch kulturpolitische Handlungsfelder grundlegend zu überdenken.

6.3 Legitimität einer öffentlich gelenkten Innenarchitektur

6.3.1 Souveränität ostdeutscher Konsumenten

Die Bürger Ostdeutschlands genossen aufgrund der ungleichen Informationsverhältnisse um die räumlichen, zeitlichen, preislichen und qualitativen Ausprägungen der Güter keine Markttransparenz und waren somit in ihrer Souveränität als Konsument eingeschränkt. Dabei liegt es bei unzureichender Selbstregulation des Marktes im Bereich staatlicher Regulierungen, eine Brücke zwischen Angebot und Nachfrage zu schlagen. Im Bezug auf Ostdeutschland hätte dies die Bildung zum verantwortungsvollen Konsum bedeuten können, welcher eng mit der Schaffung eines souveränen Konsumenten verknüpft ist.

---

[160] Vgl. Wagner, 2007, S.73.

Der Konsument ist nicht immer hinreichend in der Lage, die Güter objektiv und mit nötigem sachlichem Verstand zu beurteilen. Zur Stärkung der Markttransparenz und der Urteilsfindung des Konsumenten prüfen Verbraucherinstitutionen wie ‚Stiftung Warentest' oder die ‚Verbraucherzentrale' die Qualität von Gütern und Dienstleistungen. Da die Bürger Ostdeutschlands zusätzlich zur qualitativen Beurteilung der Güter auch der Herausforderung um die soziokulturelle Einordnung westdeutscher Ästhetiken gegenüberstanden, hätte es hier verstärkt Aufgabe des Staates seine müssen, den ostdeutschen Verbraucher zu unterstützen. Dennoch wurde diese spezielle verbraucherpolitische wie auch ästhetische Herausforderung nicht hinreichend angenommen. Bei den gesellschaftlichen Anstrengungen zugunsten eines schnellen deutschen Einigungsprozesses kam es jedoch zu keiner alltagsästhetischen Vereinigung.

6.3.2 Die besondere Verantwortung für die neuen Bundesländer

Mit Anschluss der ehemaligen DDR an die Bundesrepublik übernahm diese eine besondere Verantwortung für das Beitrittsgebiet. Der Art. 35 des Einigungsvertrages zielte darauf ab „[...]die kulturelle Wiedervereinigung zu ermöglichen und die lange vernachlässigte Kulturlandschaft in Ostdeutschland zu pflegen."[161] Damit bekam die Kulturpolitik der Bundesrepublik neue Schwerpunkte gesetzt. In den kulturpolitischen Debatten der neunziger Jahre ging es „[...] um die Erhaltung der kulturellen Substanz in den neuen Ländern, um die Abstimmung zwischen Bund und Ländern bei der Förderung von Kunst und Kultur und es ging auch um die Mitverantwortung des Bundes für kulturpolitische Aufgaben von nationaler Bedeutung."[162] Hierfür wurde eine Reihe von Förder-Programmen etabliert.[163] Das Bewusstsein um die Bedeutung der Kulturpolitik im Prozess der ‚kulturellen und mentalen Wiedervereinigung' der Deutschen gewann ab 1990 an Bedeutung. Dies sollte auch den Ausgleich „[...] kultureller Differenzen im Sinne einer ‚Einheit in der Vielfalt' in einem zusammenwachsenden Europa [...]"[164] unterstützen. Daran knüpft sich die Notwendigkeit, dass dieses Bewusstsein sich auch in der Organisationsform der Bundeskulturpolitik niederschlägt.[165]

---

[161] Tillmann, 2007, S.8.
[162] Singer, 2003, S.29f.
[163] Ebd., S.39., u.a. das Leuchtturm-Programm und die Sonderprogramme ‚Kultur in den neuen Ländern' und ‚Dach und Fach'.
[164] Ebd., S.35.
[165] Ebd.

Der kulturelle Einigungsprozess konzentrierte sich stark auf die Etablierung institutioneller Zuständigkeitsbereiche und Förderungsmöglichkeiten. Der Erhalt der Theater-, Orchester- und Museen-geprägten Kulturlandschaft hatte Priorität. Das Bewusstsein um den Förderungsbedarf der Alltagskultur war hingegen vermutlich nicht hinreichend ausgeprägt bzw. es verlor angesichts der elementaren Aufgaben des Einigungsprozesses an Dringlichkeit. Dabei hätten sich die staatlichen Institutionen hier deutlich als Orientierungshilfe anbieten müssen. Alltagsästhetik müsste in stabilen Entwicklungsabschnitten nicht zwingend Teil öffentlicher Zuständigkeit sein, aber das zur Wende schlagartige Aufkommen einnehmender Verkäufer und ihren ‚Heilsversprechungen' hätte eine intensivere Lenkung im Sinne eines Bewusstseins für Verantwortungsübernahme erfordert.

6.3.3   Alltagsästhetische Defizite der Kulturpolitik

Das kulturpolitische Aufgabenfeld konzentriert sich in Deutschland vorrangig auf Sicherung und Entwicklung hochkultureller Institutionen sowie der allgemeine Ermöglichung künstlerischen Schaffens und deren Partizipation. Die ästhetisch-kulturelle Bildung wir ebenfalls als kulturpolitisches Handlungsfeld verstanden, jedoch thematisiert auch sie Alltagskultur nicht hinreichend. Die Kommunikation ästhetischer Werte kann dem Feld der ästhetischen Bildung zugesprochen werden, aber sie erreicht die alltagsästhetischen Problembereiche, wie die Inneneinrichtung, scheinbar nicht. Dabei geht es bei der ästhetischen Bildung von Alltagskultur nicht um ein ästhetisches Diktat der Privatsphäre sondern vielmehr um die Integration elementarer (und ja auch bisher vermittelter) Werte in das alltagsästhetische Umfeld.

Die Kleidungsmode ist – als Beispiel für ein alltagsästhetisches Handlungsfeld – starken äußeren Einflüssen ausgesetzt; wird durch Trends und soziale Kontrolle reguliert. Die Ausgestaltung des privaten Wohnraums hingegen ist frei von diesen Orientierungsmaßstäben. Dadurch kann sich ein Einrichtungsverhalten entwickeln, welches im starken Maße das ästhetische Bewusstsein des Käufers bzw. Bewohners widerspiegelt, auf der anderen Seite verhütet die Privatheit der Wohnung vor positiver gestalterischer Einflussnahme.

Der Kulturpolitik könnte hierbei eine wichtige Vermittlungsrolle zugesprochen werden. Auch gegenwärtig hält das Bedürfnis nach ästhetischer Orientierung im Alltag an. Davon zeugt die Vielzahl an Heimwerker- und Gestaltungssendungen im privaten und – wenn auch kaum wahrgenommenen – öffentlich-rechtlichen Fernsehen. Der bloße Anschluss des öffentlich-rechtlichen Fernsehens an diese TV-Strömung kann hierbei jedoch nicht als öffentlicher Beitrag zu der hier geforderten ästhetischen Bildung der Alltagskultur verstanden werden. Für glaubhafte ästhetische Bildung bedarf es mehr als die Quoten-orientierte Kopie eines Sende-Formats. Möglicherweise hätten gerade diese Einrichtungs-Sendungen zur Wendezeit einen positiven Einfluss auf das ostdeutsche Einrichtungsverhalten und die Beurteilung westdeutscher Produkte haben können. Denkbar wäre eine Kooperation zwischen den Ministerien für Wissenschaft und Kunst der neuen Bundesländer und dem öffentlich-rechtlichen Fernsehen, mit dem Ziel, die Bürger Ostdeutschlands mittels hochwertig konzipierter Einrichtungssendungen über das Medium Fernsehen (alltags-) ästhetisch zu bilden. Aber auch Sendeformate unterliegen einem Zeitgeist und scheinbar entdeckten die Produzenten die Attraktivität dieser Sendungen erst ein Jahrzehnt später.

Auch in der Ausrufung von Staatspreisen wird der Alltagsästhetik bisher kaum Beachtung geschenkt. Zwar können sich Innenarchitekten um den Deutschen Innenarchitekturpreis des Bundes Deutscher Innenarchitekten BDIA bewerben, aber verglichen mit den vielen Auszeichnungen für (Außen-)Architektur, spricht dieser für eine nur geringe gesellschaftliche Anerkennung der Innenarchitektur. Diese Entwicklung zeigt sich auch bei der Ausrufung der Sächsischen Staatspreise. Der Sächsische Staatspreis für Baukultur wird etwa aller zwei Jahre vergeben, legt jedoch in seinen thematischen Vorgaben den Ausschluss der Innenarchitektur nahe.[166] Der schon seit 1992 verliehene Sächsische Staatspreis für Design konzentriert sich wiederum überwiegend auf Produktdesign und bietet auch hier nur wenig Spielraum für die Würdigung innenarchitektonischer Leistungen.

---

[166] So stand der Wettbewerb 2003 unter dem Titel ‚Stadtmaßstab Mensch', 2004 ‚Stadtmaßstab Mensch – Neues Leben für Industriedenkmale', 2006 ‚Maßstab Mensch – umweltbewusst gestaltete Verkehrsbauten' und 2008 unter ‚Berg-Bau-Kultur. Zukunft aus Tradition'. In: Preis für Baukultur, 2008. In: www.bauen-wohnen.sachsen.de/1512.htm am 7.7.2008.

7. Auswirkungen einer kulturpolitisch geprägten Innenarchitektur

7.1 Auswirkungen auf das Konsumverhalten in den neuen Bundesländern

7.1.1 Kulturpolitisch beeinflusste Innenarchitektur als Hemmnis des Nachwendekonsums

Die Ausweitung einer ästhetisch bildenden Kulturpolitik auf das Gebiet der Innenarchitektur könnte deutliche Folgen für den Konsum an Einrichtungs-Gegenständen haben. Mit Aufklärung der ostdeutschen Bevölkerung über finanzielle Realwerte der in den östlichen Bundesländern neu angebotenen Produkte und einer Beurteilung ihres ästhetischen Zeitgeistes hätte womöglich die Anziehungskraft vieler Güter relativiert. Eine ästhetische Bildung der ostdeutschen Konsumenten hätte zu einem besseren Verständnis der soziokulturellen und Mode-zyklischen Hintergründe der angebotenen Einrichtungsgegenstände führen können. Aus dem Wissen um den ästhetischen Wert der Angebotspalette folgt eine sachlichere Beurteilung der Güter, was bei tieferer Reflexion wiederum auch zur Ablehnung der Güter führen kann. Ästhetische Bildungsmaßnahmen der ostdeutschen Bevölkerung hätten demnach wahrscheinlich zu einem abgeschwächten Konsum an Einrichtungsgegenständen geführt.

Darunter hätte in erster Linie die westdeutsche Industrie gelitten; die ostdeutsche Industrie profitierte vom (Nach-)Wendekonsum ohnehin kaum[167]. Von Lebensmitteln, Textilien, über Einrichtungsgegenständen bis hin zum Gebrauchtwagen dominierten westdeutsche Güter den ostdeutschen Markt. Somit war die „[...] deutsche Wiedervereinigung in den ersten drei bis vier Jahren ein einziger ‚Aufschwung West'. [...] die Statistiken belegen seit 1990 eine enorme Steigerung von Umsatz und Gewinn in der westdeutschen Konsumgüterindustrie."[168]

---

[167] Vgl. Dietrich Pfeiffer: Beitritt – Marsch. Verpasste Chancen und neue Wege. Kritische Analyse der Wirtschafts- und Sozialpolitik in den neuen Bundesländern in den „Wende-Jahren" 1990-2000, Dresden 2000, S.35.
[168] Ebd., S.34.

Der verhältnismäßig ungezügelte Konsum westdeutscher Produkte in den neuen Bundsländern hatte auch entscheidende volkswirtschaftliche Folgen. Aufgrund des Nachholbedarfs ostdeutscher Konsumenten konnte die um 1991 in Europa und in den USA herrschende Rezession in Deutschland um mindestens zwei Jahre aufgeschoben werden.[169] „Dieser Absatz-Boom von West nach Ost hat der westdeutschen Industrie einen deutlichen Konjunktur-Rückgang wie in anderen europäischen Ländern erspart. „Das Bruttosozialprodukt erhöhte sich 1990 um 5,5% und 1991 um 4,9%. Bereits Ende 1992 war dieser Trend gebrochen [...]"[170] Die globale Krise trat ab 1993 in Deutschland nur noch in abgeschwächter Form auf."[171]

Demnach hätte eine kulturpolitische Intervention in die ostdeutschen Kaufentscheidungen fatale Folgen für die west- und somit gesamtdeutsche Wirtschaftsentwicklung haben können. Denn ausgehend von den stabilen westdeutschen Unternehmen konnten sich auch viele ostdeutsche Unternehmungen erst neu etablieren.

7.1.2 Kulturpolitisch beeinflusste Innenarchitektur als Wertschöpfender Faktor

Der Argumentation eines kulturpolitisch bedingten Konsum-Hemmnisses steht die Überlegung gegenüber, dass es durch eine ästhetisch bildende Intervention der Kulturpolitik zu einer Wertschöpfung auf dem Markt für Einrichtungsgegenstände hätte kommen können. Durch sowohl Maßnahmen der ästhetischen Bildung als auch durch Vermittlung wirklich aktueller westdeutscher Einrichtungstrends (und nicht nur jene, die als solche in den Märkten der neuen Bundesländer angeboten werden) hätten die ostdeutschen Konsumenten für Einrichtungsstile jenseits der ostdeutschen Einrichtungsmärkte sensibilisiert werden können.

---

[169] Vgl. Ebd., S.35.
[170] Hans K. Hirsch: Die Bundesrepublik bis zur Einigung. In: Abiturwissen Geschichte, Augsburg 2000, S.330.
[171] Ebd., S.35.

Dies muss jedoch nicht zwangsläufig auch einen finanziellen Nachteil für den Einrichtungsmarkt bedeuten. Durch ästhetische Bildung können möglicherweise Haushalte mit einer Vorliebe für zweckmäßige oder auch klassisch-durchschnittliche Einrichtungspräferenzen für Wohnleitbilder begeistert bzw. befähigt werden, die von den Haushalten als ‚höherwertig' empfunden wird, jedoch ihren eigenen Wertvorstellungen vom ‚schönen Wohnen' nicht widersprechen. Dies könnte sich wiederum auch in einer finanziell höherwertigen Wohnungseinrichtung niederschlagen, was den kulturpolitisch unbeeinflussten Konsum von Einrichtungsgegenständen vermutlich überragt.

Es ist jedoch zu bedenken, dass eine Abkehr von zweckmäßigen oder klassisch-durchschnittlichen Wohnleitbildern (Als Pol der unspeziellen/unindividuellen Einrichtungspräferenzen) sich nur zugunsten von zunehmend spezifischen Wohnleitbildern entwickeln kann. Die Akzeptanz spezifischer Wohnleitbilder ist untrennbar mit einer lebensweltlichen Ausdifferenzierung verbunden, so dass sich also die Übernahme höherwertiger Wohnleitbilder in Ostdeutschland erst bei zunehmender gesellschaftlicher Pluralität und der Herausbildung eines höheren Individualisierungsgrades realisieren lässt.

Versteht man weiterhin die ästhetische Bildung innenarchitektonischer Kaufentscheidungen als ‚Stil-Bildung', so könnte sich die kulturpolitische Intervention in die Alltagskultur auch längerfristig auswirken. Mit der Befähigung der ostdeutschen Bevölkerung hin zu einer Wertschätzung höherwertiger Ästhetiken ist – bei hinreichenden finanziellen Ressourcen – die Bereitschaft zur finanziellen Mehrausgabe verbunden. Es kann davon ausgegangen werden, dass sich eine Bereitschaft zum (ästhetisch) höherwertigen Konsum nicht nur auf die Wohnungseinrichtung begrenzt.

7.2 Der Beitrag einer kulturpolitisch beeinflussten Innenarchitektur zum Ausgleich deutscher Vereinigungsfolgekosten

Eine Beeinflussung des Konsumverhaltens durch kulturpolitisch intervenierte Innenarchitektur hätte sich auch auf die finanziellen Folgen der deutschen Wiedervereinigung niederschlagen können. Möglicherweise hätte sich nämlich mit Hilfe der Ästhetischen Bildung über das beeinflusste Konsumverhalten (von Einrichtungsgegenständen) die soziale Ungleichheit zwischen West und Ost abschwächen lassen. Diese Überlegung basiert auf dem Zusammenhang, dass bei einem verminderten Konsum von Westprodukten in Ostdeutschland die westdeutsche Wirtschaft weniger stark wachsen konnte und der Entwicklungsunterschied zwischen den beiden deutschen Teilen nicht so deutlich wäre. Dies hätte natürlich die gesamtdeutsche Entwicklung deutlich gehemmt, da so tendenziell eine verminderte Bereitschaft unter westdeutschen Unternehmen bestände, im Osten zu investieren. Aber auf längere Sicht hätten aber möglicherweise mit einer ostdeutschen Konsumminderung die Folgekosten der deutschen Vereinigung gesenkt werden können.

Das setzt als notwenige Bedingung voraus, dass die Folgekosten der deutschen Vereinigung ($FK_{Vereinigung}$) höher sind[172], als der Umfang ostdeutscher Konsumminderung (KM_{Ost}). Unter Einbeziehung der Staatsausgaben für Maßnahmen der ästhetischen Bildung kann als hinreichende, d.h. sinnvolle Bedingung formuliert werden: Erst wenn die Folgekosten der Vereinigung größer sind als der Umfang ostdeutscher Konsumminderung – ergänzt um die Kosten ästhetischer Bildungsmaßnahmen ($K_{ÄB}$) – wäre eine kulturpolitisch begründete Konsumminderung im Einrichtungs-Sektor auch volkswirtschaftlich sinnvoll gewesen.

notwendige Bedingung: $FK_{Vereinigung} > KM_{Ost}$

hinreichende Bedingung: $FK_{Vereinigung} > (KM_{Ost} + K_{ÄB})$

---

[172] Die Höhe der Folgekosten kann hier leider nicht angegeben werden, da diese so nicht konkret erfasst wurde. Das IWH schätzt die Kosten der Deutschen Wiedervereinigung für den Zeitraum 1991-2004 auf ca. 1,25 Billionen €, aber es können dabei Kosten der Vereinigung und aus der Vereinigung erst entstandene Kosten nicht hinreichend abgegrenzt werden. In: Klaus Schroeder: Die stillen Kosten der deutschen Vereinigung. In: Frankfurter Allgemeine Sonntagszeitung, 26.09.2004, S.5.

Die sich im abgeschwächten Kauf von Einrichtungsgegenständen niedergeschlagene ästhetische Bildung hätte wahrscheinlich somit zu einem weniger stark differenten Lohnniveau in den beiden Teilen Deutschlands führen können, da sich mit vermindertem Absatz das westdeutsche Lohnniveau hätte absenken können.

Des Weiteren hätte ein verminderter Wende-Konsum in Ostdeutschland zu einer intensiveren Vermögensbildung führen können. Ein abgeschwächter Konsum von Einrichtungsgegenständen könnte sich entweder mit dem Konsum anderer Güter ausgleichen oder auch in Spar-Bestrebungen niederschlagen. Aus der Verfestigung von privatem Kapital in Ostdeutschland hätte sich eine geringere Notwenigkeit, staatliche Unterstützungen zu beziehen, ergeben können.

> [...] wird [...] oft vergessen, dass die Ostdeutschen weder finanzielle Vermögenswerte wie Bankguthaben, Wertpapiere und Aktien noch Grundbesitz an Häusern und Eigentumswohnungen besaßen. Das westdeutsche Vermögen in Privathand von ca. 14 Billionen ist für sie eine unvorstellbare Traumzahl. 90% der Bürger im Osten sind dagegen in den letzten Jahren [bis 2000, A. d. A.] immer noch nicht zur ‚Vermögensbildung' gekommen.[173]

---

[173] Pfeiffer, 2000, S.22.

8. Zusammenfassung

Diese Arbeit bietet sich als Auftakt für eine Diskussion um das Verständnis von Kulturpolitik an. Sie zeigt auf, dass die kulturpolitische Relevanz von Innenarchitektur im Allgemeinen und speziell im Kontext der deutschen Wiedervereinigung unterschätzt wurde.

Ausgehend von der Darstellung der ostdeutschen Assimilation an westdeutsche Einrichtungstrends und Wohnleitbilder wurde der Bedeutungsverlust des Werte-basierenden Konsums zugunsten einer sozialen Orientierung diskutiert. Darauf aufbauend konnte gezeigt werden, dass der Wandel ästhetischer Präferenzen und damit die Akzeptanz von westdeutschen Wohnleitbildern in den sozialen Milieus Ostdeutschlands unterschiedlich stark ausgeprägt war. Die Ergebnisse der qualitativen können jedoch nicht auf ein gesamtgesellschaftliches Konsumverhalten schließen lassen. Des Weiteren widerlegen die Erhebungsergebnisse die These, dass viele Ostdeutsche das neue Angebot an Einrichtungsgegenständen lange nicht objektiv beurteilen könnten.

Es wurde aufgezeigt, wie Ästhetische Bildung, als Medium staatlicher Einflussnahme, auf Alltagsästhetiken Anwendung finden kann. Die Einsatzgebiete der Ästhetischen Bildung lasen sich ausweiten, auf Radien, welche bisher nicht als Handlungsfelder der Ästhetischen Bildung verstanden wurden.

Ein erweiterter Wirkungskreis der Ästhetischen Bildung – insbesondere auf die Innenarchitektur – könnte sich auch monetär auswirken. So wurde angedeutet, dass sich eine kulturpolitisch beeinflusste Innenarchitektur einerseits hätte als kurzfristiges Hemmnis für den Wende-Konsum, aber langfristig als Chance für ein höherwertiges Konsumverhalten auswirken können. Die sich daran knüpfenden volkswirtschaftlichen Effekte hätten den deutschen Einigungsprozess prägen können.

Dies setzt jedoch auch ein erweitertes kulturpolitisches Verständnis voraus. Entscheidend dabei ist die Einsicht des Staates, dass er eine ästhetische Lenkungsfunktion hat und diese, zwar nicht in der Beschneidung der Privatsphäre, jedoch im Rahmen Ästhetischer Bildung einsetzen kann. Die deutsche Wiedervereinigung wäre Anlass gewesen, die kulturpolitischen Reichweiten neu zu überdenken; doch wurde es verpasst, Innenarchitektur in der Wendezeit als aktives Feld der Kulturpolitik der neuen Bundesländer zu etablieren.

9. Forschungsbedarf und Ausblick

Aus den Erkenntnissen dieser Arbeit leitet sich starker Forschungs- und Diskussionsbedarf ab. So lässt diese Arbeit offen, welches Potenzial eine kulturpolitisch beeinflusste Innenarchitektur auch in den Jahrzehnten nach der deutschen Wiedervereinigung hätte haben können. Auch bleibt der Beweis schuldig, ob – und wie stark – der Staat durch eine kulturpolitisch intervenierte Innenarchitektur hätte profitieren können. Es stellt sich weiterhin die Frage, welche Chancen eine ästhetisch gebildete Innenarchitektur im Deutschland der Gegenwart bietet. Möglicherweise ließe sich ein Zusammenhang zwischen dem fehlenden Ausgleich der eingeschränkten Konsumentensouveränität und dem ostdeutschen Demokratieverständnis herstellen. Und welchen Einfluss hat dabei zum Beispiel Innenarchitektur im Öffentlichen Raum?

Um die Wirkungsweisen einer gelenkten Innenarchitektur innerhalb einer Gesellschaft aufzuzeigen, würde es einer umfassenderen Darstellung der gesellschaftlichen Situation Ostdeutschlands, unmittelbar vor der Wende, bedürfen. Das Konsumverhalten in den ostdeutschen sozialen Milieus war bisher kaum Forschungsgegenstand; eine aussagekräftige Rekonstruktion des damaligen Konsum-Verhaltens scheint jedoch nach fast 20 Jahren sehr unwahrscheinlich. Das Konsumverhalten der sozialen Milieus in der Wende- und Nachwendezeit wurde zwar in dieser Arbeit an drei exemplarischen Haushalten veranschaulicht, für einen Anspruch auf Repräsentativität bedarf es jedoch einer umfassenderen Erhebung. Interessant wären dabei vor allem die hedonistischen Milieus und die Arbeitermilieus und ihr Beitrag zum Wendekonsum.

Des Weiteren bietet sich eine empirische Untersuchung an, bei der die Rolle von Antiquitäten in Ostdeutschland als alternative und günstige Einrichtungsvariante näher betrachtet wird. Dabei wäre vor allem von Interesse, ob möglicherweise der Aufkauf von Antiquitäten die Beibehaltung bzw. die Herausbildung hochkultureller und elitärer Einrichtungsstile – und somit vielleicht auch jener Lebensstile – in den neuen Bundesländern unterbunden hat.

Nicht zuletzt wird eine Diskussion um die kulturpolitische Relevanz von Innenarchitektur anhand ihrer finanziellen Potenziale und Belastungen gemessen. Erst im Bewusstsein um deren monetären Wirkungsweisen wird sich die Richtung einer fortführenden Diskussion andeuten.

LITERATUR

Publikationen:

Barthel, Wilfried: Alltagskultur und Lebensqualität. Zum Wandel kultureller Lebensformen in Ostdeutschland. Institut für Sozialdatenanalyse (isda), Studie Nr. 9, Berlin 1995.

Bertram, Hans: Ostdeutschland im Wandel. Lebensverhältnisse - politische Einstellungen, Opladen 1995.

Bourdieu, Pierre: Die feinen Unterschiede. Kritik der gesellschaftlichen Urteilskraft, Frankfurt am Main 1992.

Deutscher Bundestag (Hrsg.): Grundgesetz für die Bundesrepublik Deutschland, Bonn 1994.

Häder, Michael/Häder, Sabine: Turbulenzen im Transformationsprozess. Die individuelle Bewältigung des sozialen Wandels in Ostdeutschland 1990-1992, Opladen 1995.

Hauffe, Thomas: Fantasie und Härte. Das ,Neue deutsche Design' der achtziger Jahre, Gießen 1994.

Häußermann, Hartmut/ Siebel, Walter: Soziologie des Wohnens. Eine Einführung in Wandel und Ausdifferenzierung des Wohnens, Weinheim/München 1996.

Hirsch, Hans K.: Die Bundesrepublik bis zur Einigung. In: Abiturwissen Geschichte, Augsburg 2000.

Illing, Frank: Kitsch, Kommerz und Kult. Soziologie des schlechten Geschmacks, Konstanz 2006.

Kritzmöller, Monika: Von Schneckenhaus bis Adlerhorst. Interdependenzen zwischen Lebensstil und Wohnungseinrichtung, Frankfurt/Main 1996.

Korten, Matthias: Zum Primat einer ästhetischen Erziehung, Witten 2003.

Manz, Günter: Armut in der ,DDR'-Bevölkerung. Lebensstandard und Konsumtionsniveau vor und nach der Wende, Augsburg 1992.

Neubäumer, Renate/ Hewel, Brigitte (Hrsg.): Volkswirtschaftslehre. Grundlagen der Volkswirtschaftstheorie und Volkswirtschaftspolitik, Wiesbaden 2005.

Papilloud, Christian: Bourdieu lesen. Einführung in eine Soziologie der Unterschiede, Bielefeld 2003.

Peez, Georg: Acht Thesen zur Zukunft der künstlerisch-ästhetischen Erwachsenenbildung. In: Schulz, Frank: Perspektiven der künstlerisch-ästhetischen Erziehung. Texte zum Leipziger Kolloquium 1996 anlässlich des 70. Geburtstages von Prof. Dr. Günther Regel, Seelze/Velber 1996.

Petsch, Joachim: Eigenheim und gute Stube. Zur Geschichte des bürgerlichen Wohnens, Köln 1989.

Pfeiffer, Dietrich: Beitritt – Marsch. Verpasste Chancen und neue Wege. Kritische Analyse der Wirtschafts- und Sozialpolitik in den neuen Bundesländern in den „Wende-Jahren" 1990-2000, Dresden 2000.

Reeb, Marianne: Lebensstilanalysen in der strategischen Marktforschung, Wiesbaden 1998.

Schiller, Friedrich: Über die ästhetische Erziehung des Menschen in einer Reihe von Briefen, Reclam, Stuttgart 2000.

Scherhorn, Gerhard: Verbraucherinteresse und Verbraucherpolitik, Göttingen 1975.

Schneider, Matthias: Und plötzlich ging alles so schnell. Wende und Wandel in Görlitz, Wiesbaden 1991.

Schneider, Nicole/Spellerberg, Annette: Lebensstile, Wohnbedürfnisse und räumliche Mobilität, Opladen 1999.

Schricker, Rudolf u.a.: Innenarchitektur in Deutschland. Zwischen Tradition und Vision. Hrsg.: Bund Deutscher Innenarchitekten, Leinfelden-Echterdingen 2002.

Schröder, Gerhard u.a.: Wirtschaftliche und soziale Ausgestaltung der deutschen Einheit, Hrsg.: Ludwig-Erhard-Stiftung, Krefeld 1993.

Schulze, Gerhard: Die Erlebnisgesellschaft. Kultursoziologie der Gegenwart, Frankfurt am Main 1997.

Segert, Astrid: Sozialstruktur und Milieuerfahrungen. Aspekte des alltagskulturellen Wandels in Ostdeutschland, Opladen 1997.

Silbermann, Alphons: Badezimmer in Ostdeutschland. Eine soziologische Studie, Bielefeld 1993.

Silbermann, Alphons: Das Wohnerlebnis in Ostdeutschland. Eine soziologische Studie, 5. Auflage, Köln 1992.

Silbermann, Alphons: Die Küche im Wohnerlebnis der Deutschen. Eine soziologische Studie, Opladen 1995.

Silbermann, Alphons: Vom Wohnen der Deutschen, Köln 1963.

Singer, Otto: Kulturpolitik und Parlament. Kulturpolitische Debatten in der Bundesrepublik Deutschland seit 1945. Hrsg.: Wissenschaftliche Dienste des Deutschen Bundestages, Reg.Nr.: WF X – 078/03, 22. Oktober 2003.

Vester, Michael u.a.: Soziale Milieus im gesellschafftlichen Strukturwandel. Zwischen Integration und Ausgrenzung, Frankfurt am Main 2001.

Vester, Michael/Hofmann, Michael/Zierke, Irene (Hrsg.): Soziale Milieus in Ostdeutschland. Gesellschaftliche Strukturen zwischen Zerfall und Neubildung, Köln 1995.

Vogt, Matthias Theodor: Zum Kulturbegriff der Kulturpolitikwissenschaft. In: Kirchenkulturstudie und methodischer Ansatz (Autoreferat), Görlitz 2008.

Volkmer, Ingrid: Medien und ästhetische Kultur. Zur gesellschaftlichen Dynamik ästhetischer Kommunikation, Opladen 1991.

Werchan, Hans-Ulrich u.a.: Ausstellungskatalog FormWende? Design in Deutschland 1991. Eine Ausstellung des Rat für Formgebung.

Zeitschriftenaufsätze:

Ascheberg, Carsten. Milieuforschung und Transnationales Zielgruppenmarketing. In: Aus Politik und Zeitgeschichte. Beilage zur Wochenzeitung Das Parlament. Hrsg.: Bundeszentrale für politische Bildung Band 44-45/2006, Bonn 30. Oktober 2006.

Fuchs, Max: Kulturpolitik in Zeiten der Globalisierung. In: Aus Politik und Zeitgeschichte. Beilage zur Wochenzeitung Das Parlament, Hrsg.: Bundeszentrale für politische Bildung, Band B12/2003, Bonn 17.März 2003.

McFalls, Lauence: Die Kulturelle Vereinigung Deutschlands. In: Aus Politik und Zeitgeschichte. Beilage zur Wochenzeitung Das Parlament, Hrsg.: Bundeszentrale für politische Bildung, Band 11/2001, Bonn 2001.

Opielka, Michael: Kunst und Kultur im Wohlfahrtsstaat. In: Aus Politik und Zeitgeschichte. Beilage zur Wochenzeitung Das Parlament, Hrsg.: Bundeszentrale für politische Bildung, Band B12/2003, Bonn 17.März 2003.

Scheytt, Oliver: Kulturelle Bildung als Kraftfeld der Kulturpolitik. In: Aus Politik und Zeitgeschichte. Beilage zur Wochenzeitung Das Parlament, Hrsg.: Bundeszentrale für politische Bildung, Band B12/2003, Bonn 17.März 2003.

Schroeder, Klaus: Die stillen Kosten der deutschen Vereinigung. In: Frankfurter Allgemeine Sonntagszeitung, 26.09.2004, S.5.

Wagner, Bernd: Kulturpolitik (3). Bildung, Demokratisierung und ‚Kulturstaat' als Legitimationsmuster. In: Kulturpolitische Mitteilungen, Nr. 118, III/2007.

Internetquellen:

Brock, Bazon: Die Re-dekade. Kunst und Kultur der 80er Jahre.
  In: www.bazonbrock.de/werke/werkansicht_text.php?wid=32&cid=86
  am 12.02.2008.

Brunhöber, Anna: Wohnen.
  In: www.rene-wickel.de/downloads/wisozgwohnen.pdf am 5.12.2007.

Der Markt der modernen Wohnkultur.
  In: www.relaunch.medialine.de/PM1D/PM1DB/PM1DBF/
  pm1dbf_koop.htm?snr=6259 am 21.01.2008.

Deutscher Innenarchitekturpreis 2002.
  In: www.bdia.de/fs_index.htm?aktivitaeten/frameset5_1.html~outermainFrame
  am 22.11.2007.

Diaz-Bone, Reiner: Milieumodelle und Milieuinstrumentarien in der Marktforschung.
  In: www.qualitative-research.net/fqs-texte/2-04/2-04diazbone-d.htm
  am 20.01.2008.

Die Sinus-Milieus in der VA.
  In: www.verbraucheranalyse.de/downloads/17/VA%Sinus-Milieus.pdf
  am 30.01.2008.

Ermert, Karl: Was ist kulturelle Bildung.
  In: www.bpb.de/themen/Y4KBG5,2,0,Was_ist_kulturelle_Bildung.html
  am 9.02.2008.

GfK ConsumerScorp.
  In: www.gfk.com/imperia/md/content/investor/gb_1997de/cs_1-2006.pdf
  am 24.11.2007.

Habitus. In: www.wikipedia.org/wiki/Habitus_%28Soziologie%29 am 18.01.2008.

Heusinger, Josefine: Pflege in den sozialen Milieus.
  In: www.diss.fu-berlin.de/2005/77/Kap07.pdf am 10.01.2008.

Knoblich, Tobias J.: Aktivierende Kulturpolitik als Gemeinschafts- und
  Querschnittsaufgabe. In: www.ev-akademie-tutzing.de/doku/programm/
  get_it.php?ID=786 am 19.05.2008.

Kulturportal Deutschland.
In: www.kulturportal-deutschland.de/kp/laender_start.html am 20.05.2008.

Leitlinien zur Kulturpolitik des Landes Sachsen-Anhalt.
In: www.sachsen-anhalt.de/LPSA/fileadmin/Files/Landeskulturkonzept_
Sachsen-Anhalt.pdf am 15.05.2008.

Meggle, Margarete: Zwischen Altbau und Platte: Erfahrungsgeschichte(n) vom
Wohnen. Alltagskonstruktion in der Spätzeit der DDR, am Beispiel der
Sächsischen Kleinstadt Reichenbach im Vogtland. In: www.db-
thueringen.de/servlets/DocumentServlet?id=2160 am 11.04.2008.

Möller, Günter: Grundzüge der Markenführung.
In: www.uni-weimar.de/medien/management/sites/ss2001/marken_content/
brandman_02a.pdf am 14.05.2008.

Pauleit, Winfried: Ästhetische Erziehung. Ästhetische Erziehung im Medienzeitalter.
In: www.aesthetikundkommunikation.de/?artikel=22 am 3.04.2008.

Preis für Baukultur, 2008.
In: www.bauen-wohnen.sachsen.de/1512.htm am 7.7.2008.

Pürer/Raabe: Medien in Deutschland – Presse. Entwicklung in den neuen
Bundesländern. In: www.fachschaft.ikw.lmu.de/zp/puerer_medienlehre-
presse2.doc am 6.02.2008.

Rosenthal Georg: Exkurs: Ästhetische Bildung.
In: www.efh-bochum.de/homepages/rosenthal/aesthetik/ExkursAesthBild.htm
am 2.04.2008.

Sächsisches Ministerium für Wissenschaft und Kultur.
In: www.smwk.sachsen.de am 2.05.2008.

Sinus-Sociovision. In: www.sinus-sociovision.de am 14.03.2008

Tillmann, Isabell: Kultur, Staat, Föderalismus.
In: www.kulturkongress.2007.niedersachsen.de/vortraege/vortrag_tillmann.pdf
am 24.05.2008.

Zur Ästhetik des Konsumenten aus kultursoziologischer Sicht.
In: www.atuse.de/ser04.html am 20.01.2008.

I

ANHANG

INHALT

ABBILDUNGSVERZEICHNIS

10. Bourdieus Habitus-Theorie

Nach Boudieu drückt der Habitus das gesamte Auftreten einer Person aus; z.b. den Lebensstil, die Sprache, die Kleidung und den Geschmack. Demnach ließe sich am Habitus einer Person der Rang bzw. der Status einer Person in der Gesellschaft ablesen.[174]

Der Habitus ist durch die soziale Lage einer Person bestimmt und somit Resultat der erfahrenen Lebensumstände, d.h. der Mensch wird in seiner Wahrnehmung und in seinem Handeln bewusst und unbewusst durch seine biographischen Erfahrungen geprägt. Ähnliche biographische Erfahrungen bedingt durch die ähnliche soziale Lage fließen zu einem milieuspezifischen Habitus zusammen.[175] Als ‚System verinnerlichter Muster'[176] erzeugt der Habitus bestimmte kulturelle und klassenspezifischen Wahrnehmungen, Gedanken und Handlungsweisen, die dem Einzelnen als ihre eigenen erscheinen, die sich jedoch mit anderen Vertretern ihrer jeweiligen Gruppe teilen.[177]

Der Habitus ist aber außerdem ein Prinzip von Erzeugungsweisen in der Praxis. Die durch die soziale Lage herausgebildeten Wahrnehmungs- und Handlungsmuster werden im eigenen Handeln reproduziert und dadurch z.B. auch an die eigenen Nachkommen weitergegeben.[178] Der Habitus bildet den Rahmen für Handlungsschritte, die sich allein mit Routinewissen und –handeln nicht bewältigen lassen, so dass in jedem Fall situationsangepasstes Handeln des Akteurs möglich ist.[179] Bourdieu beschreibt den Habitus demnach als ‚strukturierte strukturierende Struktur'[180].

Zwar wird der Habitus in erster Linie vom Individuum gelebt, er umfasst aber zugleich ‚überindividuelle' Vorstellungen, also prägen Sozialisationserfahrungen den Einzelnen durch Verinnerlichung kollektiver Dispositionen.[181]

---

[174] Vgl. www.wikipedia.org/wiki/Habitus_%28Soziologie%29 am 18.01.2008.

[175] Vgl. Pierre Bourdieu: Die feinen Unterschiede. Kritik der gesellschaftlichen Urteilskraft. Frankfurt/Main 1999, S.62ff.

[176] Ebd., S.123.

[177] Vgl. www.wikipedia.org/wiki/Habitus_%28Soziologie%29 am 18.01.2008.

[178] Vgl. Heusinger, 2005, am 10.01.2008.

[179] Ebd.

[180] Bourdieu, 1999, S.117.

[181] Heusinger, 2005, am 10.01.2008.

11. Das Konzept der Erlebnismilieus von Schulze

11.1 Darstellung des Konzepts[182]

Ausgangspunkt von Schulzes Überlegungen ist der Gedanke, dass verschiedene Erlebnismuster unterschiedlich stark in unterschiedlichen Milieus dominieren. Er entwickelte ein hypothetisches Modell, in welches er fünf Gruppen mit je spezifischem Lebensstil formulierte. Es zielt darauf ab, sowohl die realen Verhältnisse, als auch deren subjektive Abbildung widerzuspiegeln.[183]

Schulze differenziert soziale Milieus anhand des Alters und der schulischen Bildung. Das 40. Lebensjahr bildet ihm nach die Altersgrenze zwischen den jungen und alten Milieus. Die jungen Milieus lassen sich in Selbstverwirklichungsmilieu (mittlere Reife mit Berufsbildender Schule und höhere Abschlüsse) und Unterhaltungsmilieu (Bildungsgrade bis mittlerer Reife und Lehre) unterscheiden. Ab dem 40. Lebensjahr lassen sich drei Milieus erkennen: Das Harmoniemilieu umfasst alle niedrigen Bildungsgrade bis zur Hauptschule und berufsbildenden Schule, Das Integrationsmilieu steht für die verschiedenen Grade der mittleren Reife und das Niveaumilieu erfasst alle Bildungsgrade vom Fachabitur aufwärts.[184]

12	Abitur und Universität	Selbstverwirk-		Niveau-						12
11	Abitur und Fachhochschule/Lehre	lichungs-		Milieu						11
10	Abitur ohne Zusatzausbildung	Milieu								10
9	Fachabitur und Fachhochschule									9
8	Fachabitur und Lehre									8
7	Mittlere Reife und berufsbildende Schule	Unterhaltungs-		Integrations-						7
6	Mittlere Reife und Lehre	Milieu		Milieu						6
5	Mittlere Reife ohne Zusatzausbildung									5
4	Hauptschule und berufsbildende Schule			Harmonie-						4
3	Qualifiz. Hauptschulabschluss und Lehre			Milieu						3
2	Einfacher Hauptschulabschluss und Lehre									2
1	Hauptschule ohne Lehre/ohne Abschluss									1
	Jahre	20	30	40	50	60	70			

Abbildung 9: Erlebnismilieus nach Schulze

---

[182] Gerhard Schulze. Die Erlebnisgesellschaft. Kultursoziologie der Gegenwart. Campus Verlag, Frankfurt/Main 1997, S.278ff.

[183] Ebd.

[184] Vgl. Ebd., S.279.

Jedem Niveau können grundlegende Wertvorstellungen, Orientierungen und Normen zugeordnet werden, welche sich im Freizeitverhalten und in der Alltagsästhetik widerspiegeln. Schulze konnte drei das Alltagshandeln ordnende ästhetische Schemata formulieren: das Hochkulturschema, das Trivialschema und das Spannungsschema. Diese werden in den fünf Milieus unterschiedlich stark abgelehnt oder einbezogen.[185] Demnach lassen sich auch verhältnismäßig klare ästhetische Präferenzen in der Wohnungseinrichtung formulieren. In der Praxis ist jedoch ein eindeutiger Zusammenhang zwischen Inneneinrichtung und sozialem Milieu schwierig, da eine Person in den seltensten Fällen zu exakt nur einem Milieu gezählt werden kann.[186]

Die folgende Abbildung zeigt die Schnittmengen des Erlebnismilieus von Schulze mit den Modell der sozialen Milieus von Sinus auf.

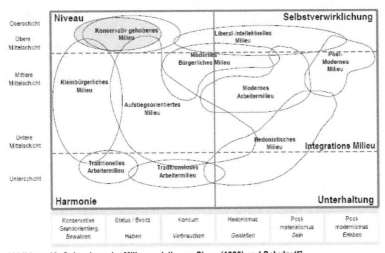

Abbildung 10: Spiegelung der Milieumodelle von Sinus (1990) und Schulze[187]

---

[185] Vgl. Diaz-Bone, 2004, am 20.01.2008.

[186] In der Praxis wird daher üblicherweise auf ein ‚Unschärfemodell' zurückgegriffen.

[187] Vgl. Günter Möller: Grundzüge der Markenführung. Skript der Bauhaus-Universität Weimar.
In: www.uni-weimar.de/medien/management/sites/ss2001/marken_content/brandman_02a.pdf
am 14.05.2008.

11.2 Einrichtungspräferenzen im Niveaumilieu[188]

Das Niveaumilieu charakterisiert vor allem Personen ab dem 40. Lebensjahr mit hohem Bildungsgrad und kann als Nachfolger des Bildungsbürgertums verstanden werden[189]. Seine Anhänger sind laut Schulze oft konservativ orientiert sowie fast ausschließlich auf die Hochkultur ausgerichtet. Zur Bestätigung ihres erreichten Rangs messen sie sich mit anderen; prägend für diese Haltung ist die verinnerlichte Erkenntnistheorie hochkultureller Ästhetik.[190] Sie legen großen Wert auf Qualität und Eleganz; Perfektion gilt als oberstes Ideal. Personen des Niveaumilieus lehnen das Praktische, Triviale und Unruhige ab.[191]

Die Wohnungseinrichtung des Niveaumilieus spiegelt die Werthaltungen wider. Es dominiert eine kulturelle Wohnatmosphäre aber mit deutlich konventioneller Färbung; der gediegene Stil gehobener Bürgerlichkeit. Für gewöhnlich sind Wohnungen dieses Milieus sehr gepflegt und das Mobiliar von guter Qualität. Weit verbreitet sind Vitrinen mit kostbarem Porzellan, Ölgemälde, Perserteppiche und lederne Sitzgarnituren. Antiquitäten kommen dem (Einrichtungs-) Wunsch nach Wert, Klasse und Geschichtsbewusstsein entgegen. Gut gefüllte Bücherregale und die Präsenz von Schreibtischen dienen neben dem Zweck auch der Zuschaustellung des Rangs des Bildungsbürgerlichen.

Kitsch, avantgardistische Elemente, nachgebaute Stilmöbel oder Jugendorientierte Wegwerfmöbel[192] widersprechen den Vorstellungen des Niveaumilieus und werden von seinen Vertretern abgelehnt. Vertreter des Niveaumilieus können meist aufgrund ihrer guten Positionen auf dem Arbeitsmarkt auf einen hohen Wohnkomfort verweisen, die Wohnzufriedenheit ist jedoch geringer als in anderen Milieus, da der Hang zur Perfektion sie sehr hohe Ansprüche an sich stellen lässt.

---

[188] Vgl. Schulze, 1997, S.283ff.

[189] Ebd., S.287.

[190] Ebd., S.285.

[191] Ebd., S.288.

[192] Vgl. Ebd., S.284.

11.3 Einrichtungspräferenzen im Harmoniemilieu[193]

Der Kern des Harmoniemilieus besteht, nach Schulze, aus älteren Personen mit niedriger Schulbildung und stammen oft aus dem Arbeitermilieu. Die Werteorientierung am historischen Arbeiter lässt Schulze schlussfolgern, dass das Harmoniemilieu als soziale Großgruppe existiert.[194] Vertreter des Harmoniemilieus nehmen ihre Umwelt als ständige Bedrohung dar. Die oft niedrige berufliche Position lässt das wirtschaftliche Risiko allgegenwärtig sein. Das Misstrauen mündet in der Angst vor dem Unbekannten, dem Unberechenbaren und dem Nicht-Abgesicherten.

Die existenzielle Anschauungsweise einer gefährlichen Welt fordert das Bedürfnis nach Geborgenheit und Schutz. Die Wohnung kann dieses Sicherheitsbedürfnis garantieren und hat somit einen hohen Stellenwert. In diesem Milieu ist die Tendenz, zu Hause zu bleiben und sich der gefährlichen Öffentlichkeit zu entziehen sehr hoch. „Da die Suche nach dem Schönen aus der Angst kommt, muß die Harmonie einfach sein, denn das Ungewohnte, Komplizierte, gar Avantgardistische im ästhetischen Zeichenkosmos würde gerade dort Angst erregen, wo man ihr entkommen möchte."[195]

In der Wohnungseinrichtung dominieren formale Schlichtheit und konservative Ästhetiken; mit den Erfordernissen an Einfachheit und Ordnung. Das Praktische und gemütliche ist beliebt und grenzt das Harmoniemilieu somit deutlich vom Niveaumilieu ab. Auffällig ist die Anhäufung des Raums mit Objekten nach der Devise ‚viel ist schön'. Teppiche, Tischdecken, Deckchen, Tabletts sind Mittel zur ‚Überlagerung mehrerer ästhetischer Materialschichten'.[196] Beliebt sind rundliche und verzierte Möbel; ergänzt mit Polstern, Kissen, Decken, Stofftieren usw.[197]

---

[193] Vgl. Ebd., S.283ff.
[194] Vgl. Ebd., S.292.
[195] Ebd., S.294.
[196] Ebd., S.293.
[197] Vgl. Ebd., S.317f.

11.4 Einrichtungspräferenzen im Integrationsmilieu[198]

Im Integrationsmilieu sind überwiegend ältere Personen mittlerer Bildungsschichten angesiedelt. Sie bilden eine Brücke zwischen dem Niveau- und dem Harmoniemilieu und haben hinsichtlich der Vorlieben und Abneigungen immer eine gemeinsame Schnittmenge mit den anderen älteren Milieus. Zeichnen sich Niveau- und Harmoniemilieu durch markante Extreme aus, so bevorzugt das Integrationsmilieu das Durchschnittliche; das Extremlose. „Im Integrationsmilieu gilt als normal, was anderen als kultureller Spagat erscheint."[199] Das Streben nach Konformität zeigt sich in einer gepflegten und gediegenen aber unspektakulären Mittellage.

Besondere alltagsästhetische Präferenzen scheint es im Integrationsmilieu nicht zu geben. Eher kombiniert es Stilelemente anderer Milieus.[200] Schulze kann kein klares Konzept des Einrichtungsverhaltens ausmachen, aber die Anpassung an Niveau- und Harmoniemilieu führen zu einer Symbiose aus Kunst und Kitsch. Beliebt seien das Neckische und das Rustikale.[201] Auffällig ist in diesem Milieu die Liebe zur Gartenarbeit.

11.5 Einrichtungspräferenzen im Selbstverwirklichungsmilieu[202]

Das Selbstverwirklichungsmilieu ist in erster Linie von Personen bis 40 Jahren und hohem Bildungsgrad besetzt; oft Studenten. Vertreter des Selbstverwirklichungsmilieus streben eine hohe Position an, ihre Karriere ist jedoch noch nicht abgeschlossen. Sie orientieren sich materiell am Niveaumilieu und teilen mit diesem die Liebe zur Hochkultur aber ergänzen diese um die Komponenten der Unterhaltung und Spannung. Oberste Maxime gilt der Selbstverwirklichung, welche mit Selbstdarstellung einhergeht.

---

[198] Vgl. Ebd., S.301ff.
[199] Ebd., S.303.
[200] Vgl. Ebd., S.301.
[201] Vgl. Ebd., S.302.
[202] Vgl. Ebd., S.312.

In der Inneneinrichtung kann man zwei Richtungen von Individualität beobachten: zum einen das Alternative wie beim ‚Obstkistenstil' zum anderen aber das Extravagante in gut inszenierten avantgardistischen Wohndesigns[203]. Der gemütliche Wohnstil des Harmoniemilieus wird als ‚miefig' gewertet und auch der kulturgesättigte Einrichtungsstil des Niveaumilieus gilt nicht als erstrebenswert.[204] Aber die materielle Orientierung am gut ausgestatteten Niveaumilieu stimmt angesichts des eigenen niedrigen Wohnkomforts unzufrieden.

11.6   Einrichtungspräferenzen im Unterhaltungsmilieu[205]

Das Unterhaltungsmilieu setzt sich überwiegend aus jungen Personen mit niedrigem Schulabschluss zusammen. Im Gegensatz zum gleichaltrigen Selbstverwirklichungs-Milieu grenzt sich das Unterhaltungsmilieu von der Hochkultur ab und ist fast gänzlich auf spannungsorientierte Angebote ausgerichtet. Ausschlaggebend für die Entscheidung zum Konsum ist nicht das eigene Bedürfnis, sondern das Maß an Stimulation, welches sich zum empfundenen Bedürfnis entwickelt.[206] Teilweise werden hier auch Trends des Selbstverwirklichungsmilieus kopiert.[207]

Personen des Unterhaltungsmilieus teilen mit dem Selbstverwirklichungsmilieu nicht das Bedürfnis, sich durch Avantgardismus oder Studentenwohnkultur zu individualisieren. Vielmehr herrscht die Tendenz vor, den Einrichtungsstil der Eltern zu übernehmen.[208] Diese stammen zumeist aus dem Harmoniemilieu und so ist auch das Unterhaltungsmilieu von der Liebe zum Praktischen aber auch von geringen finanziellen Möglichkeiten geprägt. Im Vergleich aller Milieus ist das Unterhaltungsmilieu durchschnittlich mit der materiellen Situation am unzufriedensten – auch mit der Wohnsituation.[209]

---

[203] Ebd., S.313.
[204] Ebd.
[205] Vgl. Ebd., S.322ff.
[206] Vgl. Ebd., S.325.
[207] Vgl. Ebd., S.322.
[208] Ebd., S.324.
[209] Vgl. Ebd., S.329.

11.7 Zusammenfassung

Ästhetische Präferenzen in der Inneneinrichtung liegen nach dem Modell von Schulze der Freizeit- und Lebensstilorientierung von Milieus zugrunde. Die Wohnung erfüllt demnach den Zweck eines schützenden Nestes (z.B. Harmoniemilieu), der Statusdemonstration (Niveaumilieu) oder als Aktionsfeld der Selbstverwirklichung (Selbstverwirklichungsmilieu). Die Wohnung spiegelt das Maß an Sicherheitsbedürfnis, Rang und Individualität wider. Die verschiedenen Einrichtungselemente dienen dabei der Gestaltung der Wohnfunktion.

Andererseits ist die Innenarchitektur eines jeden Milieus geprägt durch angrenzende Milieus. Das gut ausgebildete Selbstverwirklichungsmilieu orientiert sich am Niveaumilieu; das Unterhaltungsmilieu am Harmoniemilieu; das Integrationsmilieu am Niveau- und Harmoniemilieu usw. Durch eine allgemeine wertmäßige Orientierung werden Stile der Inneneinrichtung zwar nicht immer direkt übernommen, fließen aber in die Entwicklung mit ein, d.h. ein Stil wird selten übernommen, wohl aber der Stil-Anspruch (hochkarätig, zweckmäßig, günstig).

12. Einrichtungspräferenzen in den sozialen Milieus Ostdeutschlands

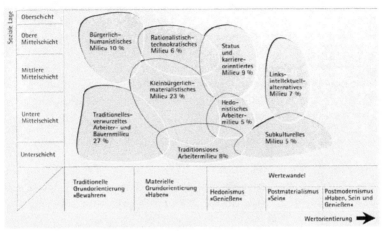

Abbildung 11: Soziale Milieus Ostdeutschlands[210]

12.1 Konsumverhalten des rationalistisch-technokratischen Milieus

Das ‚Rationalistisch-technokratische Milieu' bestand überwiegend aus Angestellten, Beamten und Selbstständigen mit hohen Bildungsabschlüssen. Sie hingen noch stark an den Fortschrittsglauben älterer deutscher Eliten. „Enttäuscht davon, dass sie nach 1989 vom Prozess des wirtschaftlichen und gesellschaftlichen Umbaus ausgeschlossen wurden, besinnen sich diese Milieus heute stärker auf die DDR zurück."[211] Seit 1998 werden sie daher in den Sinus-Milieus als DDR-Verwurzeltes Milieu ausgezeichnet; später als DDR-Nostalgiker.

---

[210] In: Margarete Meggle: Zwischen Altbau und Platte: Erfahrungsgeschichte(n) vom Wohnen. Alltagskonstruktion in der Spätzeit der DDR, am Beispiel der Sächsischen Kleinstadt Reichenbach im Vogtland. Dissertation der Philosophischen Fakultät der Friedrich-Schiller-Universität Jena, S.59. In: www.db-thueringen.de/servlets/DocumentServlet?id=2160 am 11.04.2008.

[211] Ebd., S.529.

Sie lieben das Gehobene, das Anspruchsvolle. Man kann davon ausgehen, dass dies in der Innenarchitektur auch zutrifft. Im Gegensatz zu ihrem westdeutschen Pendant haben sie aber kein so ausgeprägtes Trendsetter-Verhalten und gehen trotz aller kultureller Kennerschaft auf das avantgardistische Wagnis nicht so stark ein.[212] Mit Verlust der traditionellen ostdeutschen Orientierung nimmt für dieses Milieu die konsummaterialistische Orientierung einen höheren Stellenwert ein. Sie richten sich nach den Konsumstandards des Mainstreams. Aufgrund ihrer nur beschränkten finanziellen Möglichkeiten verzichten sie bei der Produktwahl tendenziell eher auf hochwertige Produkte. Die Wohnungseinrichtung nimmt, neben der Gartenarbeit, einen hohen Stellenwert im Freizeitverhalten ein.[213]

12.2 Konsumverhalten des bürgerlich-humanistischen Milieus

Das ‚bürgerlich-humanistische Milieu' setzt sich vorwiegend aus qualifizierten und leitenden Angestellten der Verwaltung-, Bildungs-, Sozial- und Informationsberufe zusammen. Sie sind Anhänger preußischer Tugendhaftigkeit und verbinden diese mit den humanistischen Gedanken von Toleranz und Menschenwürde.

Vertreter diese Milieus sind sehr oft Anhänger einer elitären Hochkultur-Schemas und lehnen – auch im Wissen der Tradition – das oberflächlich Materielle ab.[214] Gegenüber überflüssigem Konsums üben sie sich in Zurückhaltung[215], schätzen bei durchdachten Neuanschaffungen aber langlebige Qualitätsgüter.[216]

12.3 Konsumverhalten des linksintellektuell-alternativen Milieus

Dieses Milieu umfasst „[...] viele qualifizierte Angestellte und Selbstständige in den Bereichen Wissenschaft, Forschung, Technologie und Ausbildung, alle mit hohen, meist kulturwissenschaftlichen Bildungsabschlüssen [...]"[217] Selbstverwirklichung nimmt für sie einen hohen Stellenwert ein. Ihr Konsumverhalten ist auf das Nötigste reduziert. Sie bevorzugen eine naturnahe Lebensweise und haben ein großes Bedürfnis nach Authentizität.[218]

---

[212] Vgl. Ebd.

[213] Vgl. Die Sinus-Milieus in der VA, 2006. In: www.verbraucheranalyse.de/downloads/17/VA%Sinus-Milieus.pdf, am 30.01.2008, S.10.

[214] Vgl. Vester, 2001, S.530f.

[215] Vgl. Ebd., S.509.

[216] Vgl. Ebd., S.505.

[217] Ebd., S.531f.

[218] Vgl. Ebd.

In den zwei Jahrzehnten nach der Wende entwickelte sich ein großer Teil dieses Milieus zu dem heute als ‚Postmaterielles' bekannte Milieu weiter. Sie haben das Schöne, den hochwertigen Konsum und den gewissen Luxus schätzen gelernt.

12.4 Konsumverhalten der Traditionsverwurzelten

Im ‚Traditionsverwurzelten Arbeiter- und Bauernmilieu' ist die sozialdemokratische Tradition stark verankert – und mit ihr die Werte Bescheidenheit, Gerechtigkeit, Arbeits- und Gemeinschaftsethos.[219] Authentizität wird geschätzt und in einer einfachen und nüchternen Lebensweise vorgelebt. Prahlerei, Prestigedenken, überzogene Ansprüchen und modischer Konsum werden abgelehnt. Vielmehr schöpfen sie Genuss und Anerkennung aus geselligen Kreisen.[220]

12.5 Konsumverhalten des kleinbürgerlich-materialistischen Milieus

Das ‚kleinbürgerlich-materialistische Milieu' umfasst überwiegend Facharbeiter, einfache und mittlere Angestellte in der staatlichen Verwaltung oder im Bildungs- und Gesundheitswesen. In seiner Statusorientierung ähnelt es seinem westlichen Pendant.[221] Der persönliche Erfolg wird durch einen sicheren und gemehrten Wohlstand ausgedrückt. Es soll somit die Zugehörigkeit zum gehobenen Mittelstand demonstriert werden.[222] Auf den äußeren Eindruck wird dabei besonderer Wert gelegt; eventuelle Makel werden retuschiert.[223] Der materielle Gütererwerb hatte in diesem ostdeutschen Milieu einen hohen Stellenwert. Mit der Wiedervereinigung dürfte sich auch im Osten das kleinbürgerlich-westliche Bewusstsein für einen modernen Lebensstil verbreitet haben.[224]

---

219 Vgl. Die Sinus-Milieus in der VA, 2006, am 30.01.2008, S.9.
220 Vester, 2001, S.514.
221 Ebd., S.537ff.
222 Vgl. Ebd., S.518.
223 Vgl. Ebd.
224 Vgl. Ebd., S.537ff.

12.6   Konsumverhalten des status- und karriereorientierten Milieus

Das ‚Status- und karriereorientierte Milieu' entstammt hauptsächlich den früheren DDR-Funktionärsschichten. Es war bis Ende der 80-er Jahre solide in der traditionellen Mitte der ostdeutschen Gesellschaft verfestigt.[225] Im Gegensatz zu anderen Milieus passten sich seine Vertreter 1990 sehr schnell an die neuen Bedingungen des geeinten Deutschlands an und konnten neue, hohe Positionen einnehmen. Der Lebensstandard westlicher Manager wurde für sie als erstrebenswert[226] - und mit ihm die Wertschätzung von Qualität und Luxus.

12.7   Konsumverhalten des subkulturellen Jugendmilieus

Das subkulturelle Jugendmilieu bildet den radikalen Pol individualisierter junger ostdeutscher Milieus – ähnlich dem hedonistischen Milieu 1991 in Westdeutschland. Diese beiden deutschen Jugendmilieus der Mittelschicht sind geprägt vom radikalen Individualismus, dem Ablehnen der strikten Lebensplanung und der Abgrenzung von den ‚Spießern' der Elterngeneration.[227] Noch kurz nach der Vereinigung war das ostdeutsche subkulturelle Milieu geprägt von einer Geringschätzung des Konsums. In den Folgejahren nährte sich das Milieu aber dem westlichen hedonistischen Milieu an und zeichnet sich seither ebenfalls durch hohe Konsumlust   aus.[228] Ihr Konsumverhalten ist nun spontan und unkontrolliert.[229]

---

[225] Vgl. Ebd.
[226] Vgl. Ebd.
[227] Vgl. Ebd., S.539f.
[228] Vgl. Ebd.
[229] Vgl. Die Sinus-Milieus in der VA, 2006, am 30.01.2008, S.14.

12.8 Konsumverhalten des hedonistischen Arbeitermilieus

Das überwiegend junge ‚hedonistische Arbeitermilieu' entspricht in vielem dem Milieu der Traditionslosen Arbeiter, jedoch mit einer oftmals höheren formalen Bildung und beruflicher Position. Der Arbeitsplatz ist weniger Ort der Selbstverwirklichung als vielmehr Mittel zur Finanzierung eines hedonistischen Lebensstils. Man misst sich an den heutigen Trends und Bedürfnissen und ist bemüht, an den Konsumstandards mitzuhalten.[230] Gerade aufgrund ihrer beschränkten finanziellen Möglichkeiten leben sie einen ausgeprägten Haben-Materialismus. „Sie lieben spontanen und prestigeträchtigen Konsum."[231] Kleinbürgerlich oder hochkulturell Geprägtes lehnen sie ab.[232] Seit 1998 wird dieses Milieu in den Sinus-Darstellungen als ‚Konsum-materialistisches Milieu' bezeichnet.

12.9 Konsumverhalten des Traditionslosen Arbeitnehmermilieus

Vertreter des Traditionslosen Arbeitermilieus sind bis zur deutschen Wiedervereinigung überwiegend als ungelernte oder einfache Arbeiter im Verkehrswesen, im Dienstleistungssektor aber vor allem in der Industrie beschäftigt gewesen. Vor allem die ‚Problemindustrie' wie Textil- und Braunkohlechemie bot für sie relativ sichere Arbeitsplätze.[233] Die Traditionslosen waren in der Nachwendezeit stark von Arbeitslosigkeit betroffen. Ihre Lebenswandel ist „[...] auf äußere und innere Stabilität eingerichtet [...], mehr an Entlastung und Lebensgenuß [orientiert], als an einem Ethos aktiver Verantwortung und Arbeit."[234]

Zum Erreichen dieser ‚äußeren und inneren Stabilität' verfolgen viele Traditionslose den Weg der materiellen Sicherheit; dem Konsum. Sie hoffen, bei Partizipation von Konsummoden Anschluss an die breite Mitte zu finden um ähnliche soziale Anerkennung zu genießen.[235] Zusammen mit dem hedonistischen Arbeitermilieu fließt das Traditionslose Arbeitermilieu in das neu formulierte ‚Konsum-materialistische Milieu'.

---

[230] Vgl. Vester,2001, S.540f.
[231] Vgl. Die Sinus-Milieus in der VA, 2006, am 30.01.2008, S.12.
[232] Vgl. Vester, 2001, S.524.
[233] Vgl. Ebd., S.540.
[234] Vgl. Ebd., S.523.
[235] Vgl. Ebd.

13. Wohnleitbilder der sozialen Milieus in Deutschland 2006[236]

Abbildung 12: Etabliertes Milieu

Abbildung 13: Postmaterielles Milieu

---

[236] Vgl. Die Sinus-Milieus in der VA, 2006, am 30.01.2008.

Abbildung 14: Milieu der Modernen Performer

Abbildung 15: Konservatives Milieu

Abbildung 16: Traditionsverwurzeltes Milieu

Abbildung 17: DDR-Nostalgisches Milieu

Abbildung 18: Milieu der Bürgerlichen Mitte

Abbildung 19: Konsum-Materialistisches Milieu

Abbildung 20: Experimentalistisches Milieu

Abbildung 21: Hedonistisches Milieu

14. Wohnzimmer-Einrichtungspräferenzen und ihre Verbreitung

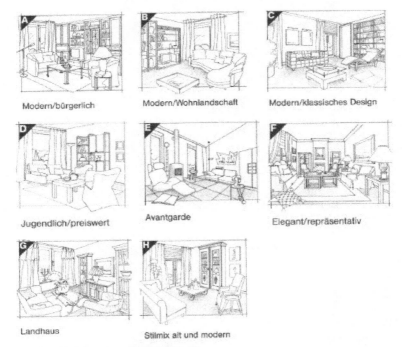

Abbildung 22: Schemata von Wohnleitbildern[237]

---

[237] VerbraucherAnalyse In: Der Markt der modernen Wohnkultur. Daten. Fakten. Trends., S.14.
www.medialine.de/hps/uploads/hxmedia/medialn/HB0MER6Y.pdf am 02.11.2007.

„Möchte persönlich am liebsten wohnen..."

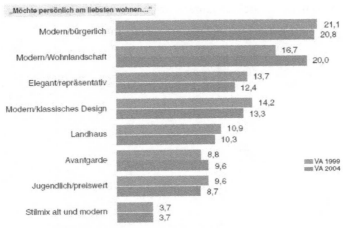

Abbildung 23: Wohnzimmer-Einrichtungspräferenzen (in %)[238]

Einrichtungspräferenzen nach SIGMA-Milieus

	Gesamt-bevölke-rung	Modern/bürgerlich	Modern/Wohn-land-schaft	Elegant/reprä-sen-tativ	Modern/klassi-sches Design	Land-haus	Avant-garde	Jugend-lich/preis-wert	Stilmix alt/modern
Wohnstile*/Potenziale (in Mio.)	64,72	13,49	12,93	9,03	9,62	6,68	6,22	5,62	2,39
	in %	Index	Index	Index	Index	Index	Index	Index	Index
Etabliertes Milieu	7,4	126	91	126	85	107	66	87	73
Traditionell bürgerliches Milieu	13,2	150	80	131	54	158	45	90	90
Traditionelles Arbeitermilieu	5,7	151	66	117	52	146	47	92	125
Konsummaterialistisches Milieu	11,5	128	86	113	96	106	66	116	67
Aufstiegsorientiertes Milieu	16,6	79	116	99	114	81	117	99	101
Modernes bürgerliches Milieu	11,5	105	106	107	95	97	89	100	75
Liberal-intellektuelles Milieu	8,9	109	84	93	107	124	91	83	120
Modernes Arbeitermilieu	10,2	52	126	67	139	71	171	92	127
Hedonistisches Milieu	9,1	54	135	67	132	50	152	122	132
Postmodernes Milieu	6,6	57	126	68	137	65	161	120	117

*Einrichtungspräferenzen nach Abbildungen (möchte am liebsten zu wohnen)
Quelle: VA 2004

Abbildung 24: Einrichtungs-Präferenzen nach Sigma-Milieus[239]

---

[238] Ebd.
[239] Ebd., S.15.

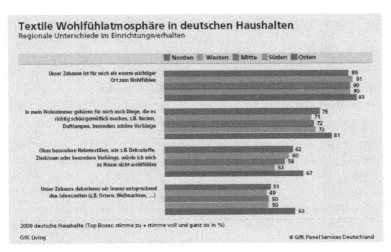

Abbildung 25: Regionale Unterschiede im Einrichtungsverhalten[240]

[240] GfK ConsumerScorp. Newsletter – Frühjahr 2006. In:
www.gfk.com/imperia/md/content/investor/gb_1997de/cs_1-2006.pdf am 24.11.2007.

15. Schichtenspezifische Wohnleitbilder in Westdeutschland

Joachim Petsch

„In der Berliner Ausstellung ‚modern – das inszenierte leben' (1972) wurden drei Wohnzimmer, das eines Arbeiters, das eines Redakteurs und das eines Unternehmers, aufgebaut und an ihnen die schichtspezifischen Leitbilder der Einrichtungsstile erarbeitet.

Schwere voluminöse Polstermöbel erfüllen das Prestigebedürfnis und den Wunsch des Kleinbürgertums nach Repräsentation. Die neubarocke Polstergarnitur und anspruchsvolle Verzierungen der kleinbürgerlichen Einrichtung orientieren sich am Einrichtungsstil des großbürgerlichen Salons des Historismus und drücken die Sehnsucht nach einer längst vergangenen Behaglichkeit aus; dies dokumentieren auch die Sofakissen. Der gediegene Wohnzimmerschrank in sachlich-zeitloser Form ist als Symbol einer Mentalität zu interpretieren, die sich gegen formale Experimente wendet. Das Sofabild zeigt Landschafts- oder Tiermotive.

Das große helle Wohnzimmer des Mittelstands mit weißen Tapeten, einfarbigen Vorhängen und dunklem Teppichboden enthält eine mobile Sitzgarnitur in einfacher, solider Verarbeitung und eine kombinierte Schrank-/Regalwand; kunstgewerbliche Gegenstände ergänzen die Ausstattung. Großen Wert legt man auf die Übereinstimmung der Einrichtung in Form, Struktur, Farbe und Funktion, sowie auf die Bequemlichkeit, den Komfort. Die persönliche Note kommt in der Wahl und der Anordnung der Ausstattungsgegenstände zum Ausdruck. Geschmack, Bildung (Bücher) und künstlerisches Interesse (Gemälde, Graphiken) sollen demonstriert werden. Die mobile Sitzgarnitur ermöglicht Entspannung und Kommunikation zugleich.

Der feudalen Repräsentation der Oberschicht dienen altenglische Möbel des 18. Jahrhunderts (originale oder nachgebaute Stühle, Tische, Konsolen usw.). Die Möbel sprechen von Geschichte und unterstreichen damit die lange Tradition ihrer Besitzer – sie dienen der Erhöhung und Absicherung durch Kunst, ihre Funktion besteht darin, die gesellschaftliche Stellung zu legitimieren.

Nicht bzw. ungenügend berücksichtigt wurde bei den schichtspezifischen Einrichtungsschemata der Berliner Ausstellung die vielschichtigere soziale Differenzierung der bundesdeutschen Gesellschaft, so dass den drei Grundtypen weitere hinzugefügt werden müssen. Als Basis hierfür dient das Schichtenmodell der bürgerlichen Soziologie, das sich nach dem Einkommen richtet.

Die Einrichtung der <u>unteren Unterschichten</u> (u.a. Sozialhilfeempfänger) zeichnet sich durch Dürftigkeit und Mischformen aus. Aufgrund des geringen Einkommens werden vorhandene Möbel, solange sie noch funktionstüchtig sind, weiterbenutzt (u.a. Küchenbuffet). Gekauft wird nur, was nötig und billig ist. Einzelne Einrichtungsgegenstände (Stilmöbel/Wohnzimmerschränke und Polstergarnituren) zeigen die Orientierung nach oben an.

Die <u>oberen Unterschichten</u> teilen sich in das alte und neue Kleinbürgertum auf. Das alte Bürgertum (u.a. traditionelles Facharbeitermilieu, Handwerker, mittlere Angestellte und Beamte) richtet sich nach dem Berliner Ausstellungsmodell ein. Es grenzt sich nach unten ab und orientiert sich nach oben [...]. Da ihm die äußere Erscheinung wichtig ist, bevorzugt es eine repräsentative Aufmachung und greift auf feste Werte zurück. Diese sieht es vor allem in zeitlosen Stilmöbeln verkörpert (Altdeutscher Stil). Zur Ausstattung des Wohnzimmers gehören Teppiche, Stehlampen mit antikisierenden Motiven, Wolkenstores, Schabracken und Raffgardienen. Die Ausstattung mit Stilmöbeln nimmt bei der älteren Generation einen hohen Stellenwert ein, wird jedoch auch von Jüngeren geschätzt. Beliebt sind Versatzstücke vorindustriellen, bäuerlichen Lebens im Wohnumfeld (Wagenräder auf dem Balkon, hölzerne Schubkarren im Garten).

Das <u>neue Kleinbürgertum</u> rekrutiert sich vor allem aus den Dienstleistungsberufen (u.a. Verkaufspersonal, Büroangestellte, medizinische und technische Berufe). Lockerheit, Sportlichkeit, Genus und Dynamik prägen seinen Lebensstil, der sich an dem des neuen Mittelstandes orientiert. Der Einrichtungsstil ist modern-sachlich, technische Geräte (z.B. Stereoanlage) spielen eine bedeutende Rolle.

Es ist schwierig, den Einrichtungsstil des <u>Mittelstands</u> von dem des Kleinbürgertums abzugrenzen, denn die Übergänge sind fließend. Aufgrund seines höheren Ausbildungsniveaus achtet der Mittelstand bei der Auswahl der Stilmöbel stärker auf Stilgenauigkeit und Echtheit; es überwiegen Stilmöbel aus Eiche. Daneben werden auch Originalmöbel und Antiquitäten gekauft. Eine besondere Stellung nimmt das <u>Bildungsbürgertum</u> ein: Es bevorzugt einen modernen nüchternen und einfachen Einrichtungsstil und lehnt die dekorative Inszenierung der Wohnung (Schabracken) ab. Die gespielte Einfachheit prägt den Einrichtungsstil. Ausbildungsniveau und Kennerschaft führen zur Anschaffung von Klassikern der Moderne; auch das Sammeln von Einzelobjekten – ausgewählte historische Kunst – und Einrichtungsgegenstände – spielt eine große Rolle und betont die individuellen Interessen. Die neuen Bedürfnisse nach einem gesunden und natürlichen Leben führen dazu, dass auch der rustikale Einrichtungsstil (Bauernschränke) bevorzugt wird. Die Vertreter der <u>alternativen</u>

Bewegung sind aufgrund ihrer sozialen Herkunft zum Bildungsbürgertum zu zählen, sie streben noch ausgeprägter die Naturnähe (Rückkehr zum Ursprünglichen) an, wenden sich gegen Moderne und betonen das asketische Moment des Ästhetischen. Sie schätzen Stilbrüche, das heißt, sie kombinieren Einrichtungsgegenstände aus verschiedenen Epochen. Ihr Ausbildungsniveau erlaubt es ihnen, den ästhetischen Wert von Ausstattungsgegenständen auf Flohmärkten und bei Sperrmüll zu erkennen.

Das Ziel des neuen Mittelstands (obere Mittelschicht/Manager(aufstiegsorientierte Hierarchien in der Verwaltung und bei Behörden usw.) ist die perfekte Inszenierung. Das jeweils Neue ist das Wahre. Lässigkeit, Komfort und ungezwungene Leichtigkeit prägen den privaten Lebensstil. Je nach Bedarf wird das Essen formvollendet oder ungezwungen arrangiert und eingenommen. Der neue Mittelstand lehnt Stilmöbel ab und schätzt Originalmöbel und Antiquitäten sowie kostbare Stoffe ebenso wie die Klassiker der Moderne. In seinen Wohnungen finden die modernen Möbel, die das Formenvokabular der zeitgenössischen Architektur übernehmen (u.a. Schauvitrinen), mit ihrem reichen Arsenal formaler Versatzstücke (Tonnen, Erker, Säulen, Pilaster usw.) Aufstellung. Die Orientierung nach oben führt dazu, dass die Formelemente der modernen Baukunst seit einiger Zeit auch bei den Stilmöbeln anderer Schichten auftauchen. Giebel- und Tonnenmotive zieren mittlerweile auch die Schrankwände von Stilmöbeln.

Obgleich sich der Lebensstandart bedeutend erhöht hat, hat der Konsum nicht zu einer Nivellierung der Einrichtungsgegenstände geführt. Angenährt hat sich nur die Ausstattung mit technischen Geräten. Sozialen Status verleihen der Preis, die Form und die Marke eines Gerätes oder Möbelstücks."[241]

---

[241] Joachim Petsch: Eigenheim und gute Stube. Zur Geschichte des bürgerlichen Wohnens. Städtebau – Architektur – Einrichtungsstile. Köln 1989. S.249-254.

16. Auszüge aus dem Editorial zu ‚Innenarchitektur in Deutschland'

Rudolf Schricker

„Wohnen zum Beispiel ist ein Primärbedürfnis, das unmittelbar nach dem Ende des Zweiten Weltkrieges in Deutschland essenziell war, da nicht oder nur unzureichend zu befriedigen; und es ist heute wieder ein Thema, diesmal nicht, weil es an Wohnraum fehlen würde, eher an Inhalten. [...] während Gastronomie erst in den 70ern in den Kegel des öffentlichen Gestaltungsbewusstseins tritt, nachdem die Lust auf Genuss von Gastlichkeit wächst. Das, was wir mit Innenarchitektur in Deutschland meinen, wird in vielen anderen Ländern gar nicht differenziert – und wenn wir ehrlich sind, dann müssen wir feststellen, dass selbst in Deutschland immer noch große Defizite an Information und Vorurteile um diesen Begriff herrschen.

Gleichwohl Innenarchitektur ein allgemeiner Begriff ist und somit allgemeine Anwendung findet, lohnt es sich doch, einen Blick auf die zeitliche Entwicklung und die regionalen Besonderheiten zu werfen, zumal hier deutlich wird, dass anders als die Architektur und auch anders als Produktgestaltung in Deutschland die Innenarchitektur seit 1945 viel weniger den so genannten Feuilleton-Trends und damit den gängigen intellektuellen Stilbeurteilungen unterworfen und schon gar nicht in dem hohen Maße den internationalen Einflüssen ausgesetzt war und ist.

Innenarchitektur in Deutschland hatte schon weit vor 1945 eher den Stellenwert des Privaten, des Persönlichen, des wenig Öffentlichen. Der Raum, der persönliche Raum, wurde schon immer introvertiert wahrgenommen und vereidigt, eher leise und als intimer Rückzugsort verstanden – so anders als die Architektur, die stets den öffentlichen, nach außen gerichteten Auftritt braucht, sich der allgemeinen Betrachtung aussetzt und repräsentative Aufgaben übernimmt. Innenarchitektur im eigentlichen Sinne gibt es solange es Menschen auf der Suche nach Rückzug und Sicherheit und innerer Identität gibt; Architektur begleitet den Menschen seit er repräsentiert und äußere Zeichen setzen will. Das Innere des menschlichen Lebensraumes definiert die zweite Haut des Menschen und übernimmt damit die räumliche Darstellung innerer menschlicher Bedürfnisse. Das nach außen gerichtete Gebäude dagegen ist Zeichen und Monument zugleich und Ausdruck äußerer Bedürfnisse und somit sozialer Kontext. Die weitere Stufe [nach Primärbedürfnis und Statussymbol] der Selbstreflexion wird animiert von den emotionalen Defiziten [...]. Die meisten beginnen anschließend je nach Möglichkeit und Situation mit Überlegungen der funktionalen und gestalterischen Verbesserung im Inneren. Sie suchen Identifikation, [...] Unverwechselbarkeit [...] nach

Orientierung und Ordnung, nach Freiräumen, nach Intimität - kurz nach Gemütlichkeit; und diese ist in den meisten Fällen immer noch privat und persönlich, da emotional.

[...] bei der Neustrukturierung von Kompetenz und Qualifikation in den frühen 50er Jahren das erste Mal den Begriff ‚Innenarchitektur' verwendeten. Waren die 50er Jahre noch geprägt von einer gelebten Koexistenz zwischen Architekten [...] und den ersten Innenarchitekten [...], sind die 60er und 70er Jahre gekennzeichnet durch eine eindeutige Planungshierarchie zugunsten der Architekten [...] Die Reaktionen auf diese Tendenzen der Berechenbarkeit und der Technologieversessenheit waren in West- und Ostdeutschland recht verschieden. Während in der ehemaligen DDR bis 1967 ganz offiziell wenigstens an ein paar Hochschulen bzw. Fachschulen Innenarchitektur gelehrt wurde, um es dann umso rascher politisch und ideologisch in den 70er und 80er Jahren vom Lehrplan verschwinden zu lassen, da revanchistisch, kapitalistisch und reaktionär, blickt man in der alten Bundesrepublik auf eine wahre Gründungswelle von Diplomstudiengängen für Innenarchitektur [...]. In der DDR dagegen glaubte man offensichtlich an die Konzentration auf Architektur und Design, während man in der alten BRD fast schon trotzig auch in der Innenarchitektur diesen Weg des Engineering einschlug

[..] Die Generation der Diplomstudiengänge in den 80er Jahren ist es dann auch, die heute nach 20 Jahren die Glaubwürdigkeit, die Eigenständigkeit und letztlich auch die Partnerschaftlichkeit der Innenarchitektur mit all den weiteren Disziplinen begründet. [...] das eigentliche Moment der eigenen und unverwechselbaren Profilierung der Innenarchitektur wird in der Bereitschaft zur Übernahme von besonderer Verantwortung deutlich, wenn es darum geht, sich neben der Ingenieurkompetenz und der künstlerischen Ambition auch um den Menschen, seine Bedürfnisse, Erwartungen und Hoffnungen zu kümmern, aber auch um Botschaften, Philosophien und Images. Damit übernimmt die Innenarchitektur ganz andere und weit mehr Verantwortung als es je mit konstruktiven oder gar mit künstlerischen Mitteln allein möglich wäre.

Seit 1989 kann man auch wieder von einem gesamtdeutschen Entwicklungsstrang der Innenarchitektur als Dienstleistung und ‚Therapie' zugleich sprechen. Die Hinwendung zur angewandten Humanwissenschaften in der Gestaltung der Innenräume hat ein bislang Letztes zur autonomen Profilbildung der Innenarchitektur in Deutschland beigetragen. Die westdeutschen Kollegen erkannten schnell die einmalige Chance, geistige Pflöcke einzurammen und im Osten das Feld der Autonomie und des eigenständigen Profils zu bestellen, damit die im Westen seit Jahrzehnten meist mit bescheidenem Erfolg abgelaufenen Bemühungen um die Authentizität einer gesamtdeutschen Innenarchitektur nun endlich in aller Kürze und mit hoher Effizienz durchgeführt werden konnte. Die Aufbruchstimmung damals hat aus heutiger Sicht schon wieder etwas Rührendes. Idealismus gepaart mit Naivität hat den Blick für die Realität verstellt. Man hätte eigentlich sehen müssen, dass es in der ehemaligen DDR keine Innenarchitektur gab, sonders nur Architektur und Design. Und man hätte auch wittern müssen, dass es in den Köpfen der Entscheidungsträger, in der jahrelang geprägten Gesellschaft damals keinen Bedarf an Innenarchitekten gab. Und bis heute ist diese Unkenntnis, dieses Desinteresse, dieses völlige Unverständnis gegenüber einer eigenständigen Innenarchitektur in den Amtsstuben des Ostens, auf den Vorstandsetagen der Konzerne, im Bewusstsein der Menschen zu verzeichnen [...].

Allerdings zeigen die gewaltigen Veränderungen seit 1990 in der Innenarchitektur nicht die damals zu erwartenden Entwicklungen. Der freie Innenarchitekt ist zwischen Ostseeküste und Thüringer Wald immer noch ein Exote. Und die früheren Leitbilder in den VEBs, Kombinaten oder an den Hochschulen wirken mittlerweile wie Fossilien einer längst vergangenen Zeit. Viele Innenarchitekten in Westdeutschland sind damals in dieses innenräumliche Vakuum gestoßen und haben sich gefreut über die vielen unerwarteten Aufträge in Leipzig, Rostock, Dresden und natürlich in Berlin. Das Bewusstsein der Kollegen ist bis zum heutigen Tag nicht mit schlechtem Gewissen getrübt. Sie sind der Meinung, auf der richtigen Seite gestanden zu haben, nicht nur politisch, auch gestalterisch. Die scheinbare Überlegenheit in Technologie, Management, Ästhetik macht blind und unsensibel in dem doch sonst so sehr am Visuellen und Empfindsamen sich orientierenden Feld der Innenarchitektur. Welcher westdeutsche Kollege hat sich denn in den vergangenen Jahren wirklich interessiert für Innenarchitektur in der ehemaligen DDR? Wer war denn in diesem berauschenden Gefühl der Maueröffnung und anschließend unter dem Eindruck der Chancenöffnung überhaupt in der Lage, all die Fehler, die im Westen begangen worden sind nun im Osten nicht mehr zu wiederholen?

[...] So wie die westdeutsche Architektenschaft die ehemalige DDR-Architektur untergepflügt hat, agierte allzu oft auch die westdeutsche Innenarchitektur im sicheren Windschatten der Investoren. Die Soziologen beginnen zu hinterfragen, ob es eine DDR-Innenarchitektur gab. Und was ist daraus geworden? Wo ist deren Identität geblieben oder ist die Wiedervereinigung erst dann erreiht, wenn der Oststandart endlich auf Weststandart getrimmt ist? Innenarchitektur im Osten ist auch heute noch etwas anderes. Nicht aus der ästhetischen Sicht betrachtet, schon gar nicht aus der technischen, aber im Hinblick auf den nostalgisch anmutenden Zug zu Kommunen, zum Gruppenbewusstsein, zum Gefühl der Abhängigkeit und Zugehörigkeit. Diese Isolation der Ostkollegen und der kritiklose Import westdeutschen Gestalter-Denkens haben verhindert, dass sich in den Jahren seit der Wiedervereinigung eine eigene

Identität herausbilden konnte. Aber wäre es überhaupt sinnvoll? Ist es wirklich erstrebenswert, Regionalismus in der Gestaltung zu betreiben? Natürlich gibt es nuancierte Differenzierung in der Gestaltung, so wie es unterschiedliche Menschen gibt. Gerade weil die Gestaltung ja immer näher an den Menschen herankommen will, ist es ratsam, auch dessen Unterschiede zu akzeptieren, wie es eben doch auch Unterschiede in der Innenarchitektur gibt. Was die Leute in Leipzig 1989 auf die Straße gerieben hat, hat seinen Ursprung in der Unzufriedenheit über den Zerfall der Städte und in den Unzulänglichkeiten in den Lebensräumen des Alltags. Vielleicht war die Situation im Westen nach dem Krieg ganz ähnlich. Die Quellen westdeutscher Innenarchitektur stehen ja in Verbindung zum Aufbruchswillen, Ärmelhochkrempels und Andersmachen in einem ausgebombten und zerstörten Deutschland. Die Bewältigung der gravierenden Probleme im sozio-ästhetischen Bereich erfordert Wissen und Weisheit. Das Leben verändert sich; die Innenstädte veröden; der Erlebnishunger hypermobiler Ostdeutscher treibt die Massen in die gigantischen Konsumtempel auf der grünen Wiese. Nachts ziehen sich Menschen mit Job in die neu entstandenen Schlafsiedlungen an der Peripherie der Städte und trennen sich bewusst ab von den Ghettos der Arbeitslosen in den Plattenbauten. Um die Innenarchitektur in diesen sozialen Brennpunkten kümmert sich keiner.

Dabei könnte sie so viel Verantwortung übernehmen. Innenarchitektur ist mehr als nur Konsum plus Erlebnis. Innenarchitektur könnte der inhaltslosen Renovierungswut westlicher Investoren neben der Rendite auch Identifikation zur Seite stellen [...]. Innenarchitektur könnte in dieses soziologische Gestaltungsvakuum hineinstoßen und Inhalte und Wertvorstellungen vermitteln, die nicht unbedingt schön sein müssen, und auch nicht primär funktionieren, sondern die in erster Linie einen Wert an sich für die Menschen darstellt. Ist der Rauch des überschwänglichen Konsumdekors erst einmal verzogen, sind die Primärbedürfnisse erst einmal befriedigt, kommen erste Ansätze einer authentischen ostdeutschen Gestaltungskultur zum Vorschein: kritische Rekonstruktion, neue Einfachheit, behutsame Reduktion, Konzentration auf das Wesentliche, ökologisch vertretbare Intensität, Originalität und Glaubwürdigkeit. [...] Mag sein, dass diese Entwicklung typisch ostdeutsch ist und nur dort möglich wird. Trotzdem scheint dort wahr zu werden, was im Westen jahrzehntelang immer nur theoretisch angedacht wurde. Das schlechte Gewissen der westlichen 68er-Folgegeneration mit der Intellektualisierung der Ästhetik und mit ihrer Technologiegläubigkeit in Folge und mit der anschließend nur in den Köpfen stattfindenden sozialen Revolution, findet sich im Osten kaum. [...] Insofern kann man aus den Erfahrungen der vergangenen Jahre östlich der Elbe sehr viel lernen. [Den Kollegen und Kolleginnen] [...] sei gesagt, die Geburtsstunde einer gesamtdeutschen

Innenarchitektur ist an den Hochschulen in den neuen Bundesländern gelegt worden. [...]."242

---

242 Schricker, 2002, S.8-13.

17. Empirische Erhebung

17.1 Fragebogen

Eine empirische Erhebung zum Wandel ästhetischer Präferenzen seit 1989 in der Stadt Görlitz

Im Rahmen meiner Bachelorarbeit befasse ich mich mit den Auswirkungen der sich durch die Wende veränderten Innenarchitektur in Ostdeutschland.

Mit dieser Befragung erhoffe ich mir Aufschlüsse über die Akzeptanz westlicher Einrichtungstrends in Görlitz und Anregungen für meine weiterführende Arbeit.

Beginnen wir unsere Reise durch die Einrichtungsgeschichte Ihrer Wohnung vor der Wende...

1.	**Wie war Ihr Wohnzimmer bis zur Wirtschafts- und Währungsunion ausgestattet?** (lt. Auflistung)
2.	**Wie zufrieden waren Sie - damals und rückblickend - mit Ihrem Einrichtungsstil bis 1990?**
	☐ Sehr zufrieden ☐ Überwiegend zufrieden ☐ Überwiegend unzufrieden ☐ Sehr unzufrieden ☐ Keine Angaben/weiß nicht
3.	**Warum waren Sie (un-) zufrieden?**

4.	**Können Sie sich noch erinnern, welche Anschaffungswünsche Sie für Ihre Wohnung bis zur Wirtschafts- und Währungsunion hegten?** (siehe Auflistung)
5.	**Woher haben Sie bis 1990 Ihr Mobiliar bezogen?** ☐ Verwandte ☐ Bekannte ☐ Eigener Betrieb ☐ aus 2. Hand/Flohmärkte/Sperrmüll ☐ Eigenherstellung/Umbau ☐ Möbelgeschäfte: welche:
6.	**Auf welchem Wege haben Sie noch vor 1990 ein westdeutsches Wohnzimmer o.ä. gesehen?** ☐ Besuch kam aus der BRD (Fotos mitbringen, Erzählungen) ☐ Eigener Besuch der BRD ☐ Medien (TV, Zeitungen, Zeitschriften) ☐ sonstiges ☐ haben keines gesehen
7.	**Wie haben Ihnen westdeutsche Inneneinrichtungstrends damals gefallen?** ☐ Sehr gut gefallen ☐ Überwiegend gefallen ☐ Überwiegend nicht gefallen ☐ Überhaupt nicht gefallen ☐ Habe nicht darauf geachtet/weiß nicht ☐ Habe keine Unterschiede dabei gesehen
8.	**Was gefiel Ihnen daran?**

Betrachten wir nun den Zeitraum der deutschen Wiedervereinigung...

9.	**Wie zufrieden waren Sie mit Ihrem Einrichtungsstil zwischen 1990 und 1994?**
	☐ Sehr zufrieden
	☐ Überwiegend zufrieden
	☐ Überwiegend unzufrieden
	☐ Sehr unzufrieden
	☐ Keine Angaben/weiß nicht
10.	**Warum waren Sie (un-) zufrieden?**
11.	**Welche Einrichtungsgegenstände haben Sie zwischen der Wirtschafts- und Währungsunion 1990 und 1994 gekauft und warum?**

Gegenstand:	Kaufgrund:

12.	**In welchen Möbelgeschäften haben Sie sich damals neu mit Einrichtungsgegenständen ausgestattet?**

13.	**Wie hat Ihnen damals die neue Angebotspalette in den ostdeutschen Möbelmärkten gefallen?**
	☐ Sehr gut gefallen
	☐ Überwiegend gefallen
	☐ Überwiegend nicht gefallen
	☐ Überhaupt nicht gefallen
	☐ Habe nicht darauf geachtet/weiß nicht
	☐ Habe keine Unterschiede zu früher gesehen
14.	**Wie sind Sie damals mit den DDR-Möbeln umgegangen?**
	☐ DDR-Mobiliar dominierte weiterhin die Wohnung
	☐ DDR-Mobiliar wurde überwiegend entsorgt/ verschenkt...
	☐ DDR-Mobiliar wurde für weniger repräsentative Räume weiterhin genutzt
	☐ Sonstiges:

Konzentrieren wir uns nun auf den Zeitraum ab 1994...

15.	**Wie zufrieden waren Sie mit Ihren Anschaffungen der Wendezeit?**
	☐ Sehr zufrieden
	☐ Überwiegend zufrieden
	☐ Überwiegend unzufrieden
	☐ Sehr unzufrieden
	☐ Keine Angaben/weiß nicht
16.	**Warum waren Sie (un-) zufrieden?**
17.	**Wie sind Sie seit ca. 1995 mit den Nachwendemöbeln umgegangen?**
18.	**Was halten Sie rückblickend auf die Zeit 1989-1994 für einen innenarchitektonischen Glückskauf und warum?**

19.	Was halten Sie rückblickend auf die Zeit 1989-1994 für einen innenarchitektonischen Fehlkauf und warum?

Und nun noch einige allgemeine Angaben zu Ihnen und Ihrer Wohnung:

20.	Seit wann wohnen Sie in Görlitz?

21.	Seit wann (und bis wann) wohnen/wohnten Sie in dieser Wohnung?

22.	In welchem Stadtteil der Stadt Görlitz wohnen/wohnten Sie?

23.	In welcher Art von Gebäuden wohnen Sie?
	☐ (historischer) Altbau
	☐ ältere Neubau (1910-1945)
	☐ Neubaublock/Platte
	☐ DDR-Eigenheim
	☐ DDR-Reihensiedlung/Mehrfamilienhaus
24.	Wie groß ist/war die Wohnung?
	_____ qm
25.	Welche & wie viele Zimmer hat/hatte die Wohnung?
	☐ Küche(n)
	☐ Bad/Bäder
	☐ Flur(e)
	☐ Wohnzimmer/gute Stube(n)
	☐ Kinderzimmer
	☐ Arbeitszimmer
	☐ Abstellräume/Hauswirtschaftsräume
	☐ Schlafzimmer
	☐ _____
26.	In welchem Jahr sind Sie geboren?
	Er: | Sie:

27.	Welcher ist Ihr höchster formaler Bildungsabschluss?							
28.	Wann sind Ihre Kinder geboren?							
	1.	19 _ _	2.	19 _ _	3.	19 _ _	4.	19 _ _

Vielen Dank für Ihre Geduld!

Übersicht über mögliche Einrichtungsgegenstände

1.	Tapete	19.	Sonstige Tische
2.	Raufasertapete	20.	Freistehender Schrank
3.	Gardienen	21.	Wandschrank/Einbauschrank
4.	Jalousie/Rolläden	22.	Radio
5.	Vorhänge	23.	Fernseher
6.	Teppiche	24.	Videogerät
7.	Teppichboden	25.	Hifianlage/Plattenspieler
8.	Parkett	26.	Regale
9.	Holz-Dielen	27.	Bilder/Kunstgegenstände
10.	Kunststoffbelag	28.	Hängelampe
11.	Keramik-, Steinfußboden	29.	Stehlampe
12.	Stühle	30.	Tischlampe
13.	Sessel	31.	Strahler
14.	Sofa	32.	Neon-Röhre
15.	Sitzgarnitur	33.	Blumen/Pflanzen
16.	Schreibtisch	34.	Kachelofen/Kamin
17.	Esstisch	35.	sonstiges
18.	Couchtisch, niedrig		

17.2   Fragebogen der Familie A & Auswertung

1.	**Wie war Ihr Wohnzimmer bis zur Wirtschafts- und Währungsunion ausgestattet?** Dunkler, älterer Holz-Esstisch mit 6 Stühlen, dazu passende Anrichte und Wandschrank (gekauft 1983 im A&V), grün gemusterter Teppichboden; Maisstrohmatten; farbige Raufasertapete – z.T. modisch braun gestrichen; selbst genähte Raffrollos; Schrankwand ,Leipzig 04' – Spanplatte, Hochglanz Teak (geschenkt bekommen), 1 Couch und 2 Sessel – grün gemustert (Exportware); niedriger Couchtisch; kleiner, tragbarer s/w-TV; Plattenspieler; Spulentonbandgerät (aus Westdtl.); ab und an selbstgebaute Regale aus Ziegelsteinen für Altbau-Nischennutzung (z.B. als Bücherregal); viele Pflanzen (Zyperngras) in alternativen Töpfen; vieles selbst genäht; Radio mit Kugelboxen, Kachelofen-Luftheizung; selbst gemalte Bilder & auf Holz gemalte Ikonen, Getöpfertes. Allgemein wenig Schränke. Nicht unbedingt notwendige Einrichtungsgegenstände wie z.B. Schreibtisch waren nicht vorhanden.
2.	**Wie zufrieden waren Sie - damals und rückblickend - mit Ihrem Einrichtungsstil bis 1990?** ☐ Sehr zufrieden ☒ Überwiegend zufrieden ☐ Überwiegend unzufrieden ☐ Sehr unzufrieden ☐ Keine Angaben/weiß nicht
3.	**Warum waren Sie (un-) zufrieden?** Hatten ihren eigenen Stil und wollten diesen – auf mehr oder weniger gelungene Weise – umsetzen. Wohnung hatte allgemein auch nicht den Stellenwert eines Heiligtums, da es damals in erster Linie kinderfreundlich-funktional sein muss.
4.	**Können Sie sich noch erinnern, welche Anschaffungswünsche Sie für Ihre Wohnung bis zur Wirtschafts- und Währungsunion hegten?** Wunsch nach einem eigenen Bad, da sonst Waschmöglichkeiten nur in der Küche möglich waren; Holzfußboden (Naturdielen); mehr Luft und Licht!

5.	**Woher haben Sie bis 1990 Ihr Mobiliar bezogen?**
	☒ Verwandte → Westgüter geschenkt bekommen, z.B. Bettwäsche
	☒ Bekannte → Schrankwand
	☐ Eigener Betrieb
	☒ aus 2. Hand/Flohmärkte/Sperrmüll
	☒ Eigenherstellung/Umbau
	☒ Möbelgeschäfte: welche:
	Couch im Möbelgeschäft auf der Berliner Straße gekauft
6.	**Auf welchem Wege haben Sie noch vor 1990 ein westdeutsches Wohnzimmer o.ä. gesehen?**
	☐ Besuch kam aus der BRD (Fotos mitbringen, Erzählungen)
	☒ Eigener Besuch der BRD
	☐ Medien (TV, Zeitungen, Zeitschriften)
	☒ sonstiges: Oma aus Westdeutschland schickte ab und an Quelle- und Neckermannkataloge
	☐ haben keines gesehen
7.	**Wie haben Ihnen westdeutsche Inneneinrichtungstrends damals gefallen?**
	☐ Sehr gut gefallen
	☒ Überwiegend gefallen
	☐ Überwiegend nicht gefallen
	☐ Überhaupt nicht gefallen
	☐ Habe nicht darauf geachtet/weiß nicht
	☐ Habe keine Unterschiede dabei gesehen
8.	**Was gefiel Ihnen daran?**
	Großzügigkeit und der freie Platz der Einrichtung beeindruckte – z.B. wenn die Couch mitten im Zimmer stehen kann. Die eigentlichen Möbel interessierten weniger, da Familie A eigene Stil-Vorstellungen pflegte.
9.	**Wie zufrieden waren Sie mit Ihrem Einrichtungsstil zwischen 1990 und 1994?**
	☐ Sehr zufrieden
	☒ Überwiegend zufrieden
	☐ Überwiegend unzufrieden
	☐ Sehr unzufrieden
	☐ Keine Angaben/weiß nicht

10.	**Warum waren Sie (un-) zufrieden?**
	Es hatte sich für sie nicht viel geändert. Altes Mobiliar wurde in neue Wohnung mitgenommen. Küche wurde als besonders hübsch empfunden: braun gemustert mit dunkelbrauner Spüle und braun gestrichenen Fenstern.
11.	**Welche Einrichtungsgegenstände haben Sie zwischen der Wirtschafts- und Währungsunion 1990 und 1994 gekauft und warum?**

Gegenstand:	Kaufgrund:
Holzfarbene Schaumstoff-Deckenplatten	Traum nach Holz; hatten aber keins bekommen
Waschmaschine mit integrierter Schleuder	Arbeitserleichterung und Platzeinsparung
Weiße Plastik-Gartenmöbel	Hatten erstmals eine Wohnung mit Gartennutzung
Fernseher	Hatten vorher nur einen in s/w
Braune Kaffeemaschine	Passte gut nur braunen Küche
Jogurtzubereiter	Wollte man haben, Handhabung war aber zu umständlich, so dass es kaum genutzt wurde
Eierkocher	
Hochbett fürs Kinderzimmer aus Otto-Katalog (1995)	
Kork-Wandplatten	Wunsch nach natürlichen Werkstoffen + Wohnlichkeit

12.	**In welchen Möbelgeschäften haben Sie sich damals neu mit Einrichtungsgegenständen ausgestattet?**
	- ‚Kaufhaus Magnet' auf Berliner Straße (heute Straßburg-Passage)
	- ‚HO-Wohnkultur' auf Berliner Straße, Passage gegenüber der Strassburg-Passage
	- Couchgarnitur bei ‚Multipolster' gekauft; Verkauf in Baracke in der Innenstadt

13.	**Wie hat Ihnen damals die neue Angebotspalette in den ostdeutschen Möbelmärkten gefallen?**
	☐ Sehr gut gefallen
	☒ Überwiegend gefallen → Küchen & Polstermöbel
	☒ Überwiegend nicht gefallen → Schränke
	☐ Überhaupt nicht gefallen
	☐ Habe nicht darauf geachtet/weiß nicht
	☐ Habe keine Unterschiede zu früher gesehen
14.	**Wie sind Sie damals mit den DDR-Möbeln umgegangen?**
	☒ DDR-Mobiliar dominierte weiterhin die Wohnung
	☐ DDR-Mobiliar wurde überwiegend entsorgt/ verschenkt...
	☐ DDR-Mobiliar wurde für weniger repräsentative Räume weiterhin genutzt
	☐ Sonstiges:
15.	**Wie zufrieden waren Sie mit Ihren Anschaffungen der Wendezeit?**
	☐ Sehr zufrieden
	☐ Überwiegend zufrieden
	☐ Überwiegend unzufrieden
	☐ Sehr unzufrieden
	☒ Keine Angaben/weiß nicht
16.	**Warum waren Sie (un-) zufrieden?**
	Können es nicht beurteilen, da sie in der Wendezeit keinen Stilwechsel erlebt haben.
17.	**Wie sind Sie seit ca. 1995 mit den Nachwendemöbeln umgegangen?**
	Haben alles weiterbenutzt; Küche sogar bis heute.
18.	**Was halten Sie rückblickend auf die Zeit 1989-1994 für einen innenarchitektonischen Glückskauf und warum?**
	Küche, da langlebig und gefällt auch optisch noch gut
	Couch, da kinderfreundlich und unverwüstlich
19.	**Was halten Sie rückblickend auf die Zeit 1989-1994 für einen innenarchitektonischen Fehlkauf und warum?**
	Ihnen ist kein Fehlkauf bewusst.
20.	**Seit wann wohnen Sie in Görlitz?**
	Schon immer

21.	**Seit wann (und bis wann) wohnen/wohnten Sie in dieser Wohnung?**
	1986-1990, dann Umzug innerhalb des selben Stadtteils
22.	**In welchem Stadtteil der Stadt Görlitz wohnen/wohnten Sie?**
	Rauschwalde
23.	**In welcher Art von Gebäuden wohnen Sie?**
	☒ (historischer) Altbau
	☐ ältere Neubau
	☐ Neubaublock/Platte
	☐ DDR-Eigenheim
	☐ DDR-Reihensiedlung/Mehrfamilienhaus
24.	**Wie groß ist/war die Wohnung?**
	Ca. 50 qm
25.	**Welche & wie viele Zimmer hat/hatte die Wohnung?**
	☒ Küche
	☒ Bad/Bäder (im Keller, Toilette auf halber Treppe)
	☒ Flur
	☒ Wohnzimmer; diente als Kinderzimmer
	☐ Kinderzimmer
	☐ Arbeitszimmer
	☐ Abstellräume/Hauswirtschaftsräume
	☒ Schlafzimmer; Nutzung als Gemeinschaftszimmer – Betten wurden zur Couch umgebaut
	☐ sonstiges
26.	**In welchem Jahr sind Sie geboren?**
	Er: 1955 — Sie: 1961
27.	**Welcher ist Ihr höchster formaler Bildungsabschluss?**
	Dipl. Ingenieur — Staatlich anerkannte Erzieherin
28.	**Wann sind Ihre Kinder geboren?**
	1. 1986 — 2. 1987

Familie A kann als (teilweiser) Vertreter des linksintellektuellen-alternativen Milieus verstanden werden. Ihr Wunsch nach Authentizität; gepaart mit dem Bedürfnis familiärer Wohnlichkeit spiegelt sich im Wunsch nach natürlichen Materialien wider. Dabei darf der Wunsch nach Natürlichkeit nicht als Tendenz zu volksnah-bürgerlichen Einrichtungsstilen wie dem ‚Landhausstil‘ gerechnet werden. Ihre Wohnungseinrichtung setzt sich zusammen aus selbst gewählten Antiquitäten(da im An- & Verkauf verhältnismäßig günstig) und Objekten wie der Schrankwand, welche dem individuellen Stil des Haushaltes widersprechen, aber durch ihre Zweckmäßigkeit bzw. durch den Umstand, dass sie ein Geschenk waren, in den Wohnraum integriert wurden. Die Verwirklichung des individuellen Einrichtungsstils zeigt sich im Bestreben, sich nicht in einer Plattenbau-Wohnung einschränken zu lassen. Die baulichen Unzulänglichkeiten eines Altbaus wurden durch individuelle Lösungen, wie z.B. variablen Regalen, behoben. Die Räumlichkeiten wurden sehr multifunktional genutzt – mit der Geburt der Kinder verstärkte sich diese Tendenz zusätzlich. Die Konzentration auf die Verwirklichung individueller Einrichtungsvorstellungen und Geschmacksmuster verschaffte dem Haushalt A eine relative Zufriedenheit.

Schon weit vor der Öffnung des ostdeutschen Marktes war Familie A mit den Einrichtungstrends aus Westdeutschland vertraut. Neben dem persönlichen Besuch in der BRD bezogen sie westdeutsche Einrichtungskataloge. Auffällig ist dabei, dass nicht die Produkte selbst bestachen, sondern vielmehr das Umfeld, in welches sie eingebettet sind: großzügige Räumlichkeiten, hell und luftig. Diese Kommunikation allgemeingültigerer Wohnkriterien wurde für die Auswahl von Einrichtungsgegenständen nach der Wirtschafts- und Währungsunion entscheidend. Familie A war empfänglich für jene Produkte, welche im Raum helle und luftige Eindrücke erzeugen können und dabei dennoch ein naturverbundenes Lebensgefühl transportieren. Dies zeigt sich am Kauf von der hellen Couchgarnitur, der weiß-lasierten Holzküche und den Natürlichkeit vermittelnden Materialien wie Kork und Holzimitat-Deckenverkleidung.

Familie A kaufte trotz diverses Konsumwünsche verhältnismäßig wenige Güter seit der Wirtschafts- und Währungsunion. Es wurden nur jene Produkte durch Neuerwerbungen ersetzt, welche durch lebenszyklische Umstände oder Umzüge an Nutzbarkeit verloren hatten. Bei dem Erwerb von technischen Haushaltsgegenständen wurden u.a. auch Produkte erworben, deren Nutzen oder Notwendigkeit überschätzt wurde.

17.3   Fragebogen der Familie B & Auswertung

1.	**Wie war Ihr Wohnzimmer bis zur Wirtschafts- und Währungsunion ausgestattet?**
	Parkettfußboden; z.T. Teppiche; Couch (3-Sitzer) und zwei Sessel, kakifarben; Bücherschrank; Beistelltisch, hölzern, aus den 20-er Jahren; zwei Buffets und eine Anrichte aus der Jahrhundertwende (aus Haushaltsauflösungen); niedriger Couchtisch; Esstisch und Stühle aus den 20-er Jahren; als Deckenbeleuchtung selbstgebauter ,Kronleuchter' (Kronleuchterelemente auf einem massiven Holzbalken montiert); massive Standuhr aus 20-er Jahren; Jalousien; Tapete (dezentes Rosenmuster, gelb unterlegt; keine Raufasertapete); Radio; Fernseher (1984 Farbfernseher geerbt); viele Pflanzen (Palmen, Kakteen); historische Bilderrahmen mit Landschaftsbild und „Justizia"-Poster; Kachelofen-Luftheizung; Erkerfenster
2.	**Wie zufrieden waren Sie – damals und zurückblickend – mit Ihrem Einrichtungsstil bis 1990?**
	☒ Sehr zufrieden ☐ Überwiegend zufrieden ☐ Überwiegend unzufrieden ☐ Sehr unzufrieden ☐ Keine Angaben/weiß nicht
3.	**Warum waren Sie (un-)zufrieden?**
	Hatten alles, was gebraucht wurde
4.	**Können Sie sich noch erinnern, welche Anschaffungswünsche Sie für Ihre Wohnung bis zur Wirtschafts- und Währungsunion hegten?**
	Hatten keine Anschaffungswünsche (Wunsch nach einem Farbfernseher wurde schon 1984 durch ein geerbtes Stück erfüllt)
5.	**Woher haben Sie bis 1990 Ihr Mobiliar bezogen?**
	☒ Verwandte ☐ Bekannte ☐ Eigener Betrieb ☒ Aus 2. Hand/Flohmärkte/Sperrmüll: Haushaltsauflösungen ☐ Eigenherstellung/Umbau ☒ Möbelgeschäfte: welche Couch 1984 im Möbelgeschäft der Berliner Straße gekauft

6.	**Auf welchem Wege haben Sie noch vor 1990 ein westdeutsches Wohnzimmer o.ä. gesehen?**
	☐ Besuch aus der BRD (Fotos mitbringen, Erzählungen)
	☐ Eigener Besuch der BRD
	☐ Medien (TV, Zeitungen, Zeitschriften)
	☐ Sonstiges
	☒ haben keines gesehen
7.	**Wie haben Ihnen westdeutsche Inneneinrichtungstrends damals gefallen?**
	☐ Sehr gut gefallen
	☐ Überwiegend gefallen
	☐ Überwiegend nicht gefallen
	☐ Überhaupt nicht gefallen
	☒ Habe nicht darauf geachtet/weiß nicht
	☐ Haben keinen Unterschied dabei gesehen
8.	**Was gefiel Ihnen daran?**

9.	**Wie zufrieden warne Sie mit Ihrem Einrichtungsstil zwischen 1990 und 1994?**
	☒ sehr zufrieden
	☐ überwiegend zufrieden
	☐ überwiegend unzufrieden
	☐ sehr unzufrieden
	☐ Keine Angaben/weiß nicht
10.	**Warum waren Sie (un-)zufrieden?**
	Alle Einrichtungsgegenstände entsprachen immer noch dem Zeitgeschmack/Trend.
11.	**Welche Einrichtungsgegenstände haben Sie zwischen der Wirtschafts- und Währungsunion 1990 und 1994 gekauft und warum?**

Waschmaschine	Qualitätsverbesserung
Mikrowelle	Meinten, eine haben zu müssen
Komplette Stereoanlage	War in DDR nur schwer erwerbbar
Brotschneidemaschine	Ersatz für defektes Gerät
Kinderzimmereinrichtung	Umzug; neue Raumaufteilung

12.	**In welchen Möbelgeschäften haben Sie sich damals neu mit Einrichtungsgegenständen ausgestattet?**
	Technische Geräte wurden im Westen Deutschlands gekauft;
	Kinderzimmereinrichtung in einem in Görlitz neu eröffneten Möbelmarkt
13.	**Wie hat Ihnen damals die neue Angebotspalette in den ostdeutschen Möbelmärkten gefallen?**
	☐ Sehr gut gefallen
	☐ Überwiegend gefallen
	☐ Überwiegend nicht gefallen
	☐ Überhaupt nicht gefallen
	☒ Habe nicht darauf geachtet/weiß nicht
	☐ Habe keinen Unterschied zu früher gesehen
14.	**Wie sind Sie damals mit den DDR-Möbeln umgegangen**
	☒ DDR-Mobiliar dominierte weiterhin die Wohnung
	☐ DDR-Mobiliar wurde überwiegend entsorgt/verschenkt...
	☐ DDR-Mobiliar wurde für weniger repräsentative Räume weiterhin genutzt
	☐ Sonstiges
15.	**Wie zufrieden waren Sie mit Ihren Anschaffungen der Wendezeit?**
	☐ Sehr zufrieden
	☒ Überwiegend zufrieden
	☐ Überwiegend unzufrieden
	☐ Sehr unzufrieden
	☐ Keine Angaben/weiß nicht
16.	**Warum waren Sie (un-)zufrieden**
	Hatten sich damals über die technischen Anschaffungen gefreut, aber rückblickend betrachtet haben sie zu sehr auf Markenbezeichnungen geachtet. Haben sich von langlebigen Qualitätsversprechen blenden lassen, dabei schnelle Abnutzung. Sie geben zu bedenken, dass sie bei besseren finanziellen Möglichkeiten sich noch stärker auf eine bessere Qualität der Güter konzentriert hätten.
17.	**Wie sind Sie ca. 1995 mit den Nachwendemöbeln umgegangen?**
	Technische Geräte wurden so lange genutzt, bis sie verschlissen. Die 1996 gekaufte Einbauküche wird noch heute genutzt, die 1984 gekaufte Couch diente bis 2005.
18.	**Was halten Sie rückblickend auf die Zeit 1989-1994 für einen innenarchitektonischen Glückskauf und warum?**

19.	**Was halten Sie rückblickend auf die Zeit 1989-1994 für einen innenarchitektonische Fehlkauf und warum?**
	Teure technische Haushaltsapparate (Markenversprechen)
20.	**Seit wann wohnen Sie in Görlitz?**
	Schon immer
21.	**Seit wann (und bis wann) wohnen/wohnten Sie in dieser Wohnung?**
	1984-1992
22.	**In welchem Stadtteil der Stadt Görlitz wohnen/wohnten Sie?**
	Innenstadt; 1992 Umzug nach Rauschwalde
23.	**In welcher Art von Gebäude wohnen Sie?**
	☒ historischer Altbau ☐ Älterer Neubau ☐ Neubaublock/Platte ☐ DDR-Eigenheim ☐ DDR-Reihenhaussiedlung/Mehrfamilienhaus
24.	**Wie groß ist die Wohnung?**
	Ca. 240qm; 185qm reine Wohnfläche
25.	**Welche & wie viele Zimmer hat/hatte die Wohnung?**
	☒ Küche ☒ Bad ☒ Flur (12mx2,6m) ☒ Wohnzimmer/gute Stube 4 Kinderzimmer; davon konnte eines als Gästezimmer genutzt werden ☒ Arbeitszimmer ☒ Abstellräume/Hauswirtschaftsräume ☒ Schlafzimmer ☒ Fotolabor/Dunkelkammer

26.	**In welchem Jahr sind Sie geboren?**			
	Er:	1947	Sie:	1953

27.	**Welcher ist Ihr höchster formaler Bildungsabschluss?**			
	Er:	Maschinenbau-Meister	Sie:	Ingenieur Hochbau

28.	**Wann sind Ihre Kinder geboren?**			
1974	1976	1981	1986	1988

Familie B kann tendenziell dem Kleinbürgerlich-materialistisches Milieu zugeordnet werden. Die Wohnungseinrichtung orientierte sich an den finanziellen Möglichkeiten, so dass sehr stark auf bei Haushaltsauflösungen günstig erworbene Möbel der Jahrhundertwende zurückgegriffen wurde. Aufgrund der baulichen Gegebenheiten der Altbauwohnung (Erkerfenster, Parkettboden, Flügeltüren) lag eine innenarchitektonische Orientierung am großbürgerlichen Einrichtungsstil nahe.

Die Umsetzung eines individuellen Einrichtungsstils hatte weniger Priorität. Vielmehr galt es, eine hinreichende Ausstattung zu erlangen, welche darüber hinaus dem ästhetischen Zeitgeist entsprach. Das Mobiliar der Jahrhundertwende wurde dabei nicht als ästhetischer Widerspruch empfunden.

Durch die bereits 1984 vollzogene Komplettausstattung der Wohnung empfand Familie B mögliche Neukäufe zur Wendezeit als überflüssig. Die Konzentrierung auf die Wohnungsausstattung – losgelöst von einem vordergründigen ästhetischen Motiv, wie der Realisierung eines individuellen Einrichtungsstils – könnte als Grund angegeben werden, warum Familie B sich für die aufkommenden westdeutschen Einrichtungsstile wenig interessierte. Hinzu kommt der Umstand, dass sie überhaupt keinen Bezug zu westdeutschen Wohnleitbildern hatten - weder durch persönlichen Austausch, noch durch Medien. Erst 1996 kam es mit der Einbauküche zu einem erwähnenswerten Neukauf.

17.4   Fragebogen der Familie C & Auswertung

1.	**Wie war Ihr Wohnzimmer bis zur Wirtschafts- und Währungsunion ausgestattet?**
	Biedermeier-Wohnzimmerschrank; großer, ebenfalls historischer Wohnzimmerschrank; halbrunde Tisch von 1825; historischer Esstisch mit passenden Stühlen; großer Bücherschrank (auch für Geschirr); Vertiko; alle hölzernen Möbel waren in ‚Nussbraun' gehalten; Bücherregal; Sitzgarnitur und 3 Sessel (das filigrane Holzgestell war dabei sichtbar); als Sofatisch wurde ein hölzerner Esstisch verkürzt; grün-gestrichene Raufasertapete, Maisstrohmatten; Gardinen; Palmen im zweistöckigen Blumenständer; Stehlampe mit integrierter Leselampe; Graphiken (Geschenke einer ihnen bekannten Künstlerin); Plattenspieler; TV; Radio.
2.	**Wie zufrieden waren Sie – damals und rückblickend – mit Ihrem Einrichtungsstil bis 1990.**
	☒ Sehr zufrieden ☐ Überwiegend zufrieden ☐ Überwiegend unzufrieden ☐ Sehr unzufrieden ☐ Keine Angaben/weiß nicht
3.	**Warum waren Sie (un-)zufrieden?**
	Die Wohnung hob sich in ihrem Einrichtungsstil von der Masse (und deren standardisierten Schrankwänden) ab.
4.	**Können Sie sich noch erinnern, welche Anschaffungswünsche Sie für Ihre Wohnung bis zur Wirtschafts- und Währungsunion hegten?**
	Besseres Bad; wollten keine Waschmaschine mehr in der Küche stehen haben; Heizung.
5.	**Woher haben Sie bis 1990 Ihr Mobiliar bezogen?**
	☒ Verwandte ☐ Bekannte ☐ Eigener Betrieb ☒ Aus 2. Hand/Flohmärkte/Sperrmüll: Haushaltsauflösung ☒ Eigenherstellung/Umbau ☒ Möbelgeschäfte: Küche und Sitzgarnitur.

6.	Auf welchem Wege haben Sie noch vor 1990 ein westdeutsches Wohnzimmer o.ä. gesehen?
	☒ Besuch kam aus der BRD (Fotos mitbringen, Erzählungen)
	☒ Eigener Besuch der BRD (1987)
	☒ Medien (TV, Zeitungen, Zeitschriften): Zeitschriften
	☐ sonstiges
7.	Wie haben Ihnen westdeutsche Inneneinrichtungstrends damals gefallen?
	☐ Sehr gut gefallen
	☐ Überwiegend gefallen
	☐ Überwiegend nicht gefallen
	☒ Überhaupt nicht gefallen
	☐ Habe nicht darauf geachtet/weiß nicht
	☐ Habe keinen Unterschied dabei gesehen
8.	Was gefiel Ihnen daran (nicht)?
	Zu ‚standardmäßig' eingerichtet, mit riesigen, langweiligen Schrankwänden. Hätten die Westdeutschen jedoch um die Heizungsanlage und die technische Ausstattung beneiden können. Jedoch hätte dies ihrer Meinung nach auch nicht im gravierenden Maße zu einer besseren Lebensqualität geführt.
9.	Wie zufrieden waren Sie mit Ihrem Einrichtungsstil zwischen 1990 und 1994?
	☒ Sehr zufrieden
	☐ Überwiegend zufrieden
	☐ Überwiegend unzufrieden
	☐ Sehr unzufrieden
	☐ Keine Angaben/weiß nicht
10.	Warum waren Sie (un-)zufrieden?
	Hatten alles, was sie brauchte und von ansprechender Ästhetik
11.	Welche Einrichtungsgegenstände haben Sie zwischen der Wirtschafts- und Währungsunion 1990 und 1994 gekauft und warum?

Schreibtisch	Brauchte einen größeren
Stereoanlage (1991)	Hatten vorher keine
Kaffeemaschine	Brühten vorher manuell
Videogerät	Hatten vorher keins

12.	**In welchen Möbelgeschäften haben Sie sich damals neu mit Einrichtungsgegenständen ausgestattet?**
	Neckermann-Katalog
13.	**Wie hat Ihnen damals die neue Angebotspalette in den ostdeutschen Möbelmärkten gefallen?**
	☐ Sehr gut gefallen ☐ Überwiegend gefallen ☐ Überwiegend nicht gefallen ☐ Überhaupt nicht gefallen ☒ Habe nicht darauf geachtet/weiß nicht → da nichts gebraucht ☐ Habe keinen Unterschied zu früher gesehen
14.	**Wie sind Sie damals mit den DDR-Möbeln umgegangen?**
	☒ DDR-Mobiliar dominierte weiterhin die Wohnung ☐ DDR-Mobiliar wurde überwiegend entsorgt/verschenkt... ☐ DDR-Mobiliar wurde für weniger repräsentative Räume weiter genutzt ☐ Sonstiges:
15.	**Wie zufrieden waren Sie mit Ihren Anschaffungen der Wendezeit?**
	☐ Sehr zufrieden ☒ Überwiegend zufrieden ☐ Überwiegend unzufrieden ☐ Sehr unzufrieden ☐ Keine Angaben/weiß nicht
16.	**Warum waren Sie (un-)zufrieden?**
	Erfüllte alles seinen Zweck, aber Schreibtisch aus Neckermann-Katalog würden sie heute nicht mehr kaufen.
17.	**Wie sind Sie seit ca. 1995 mit den Nachwendemöbeln umgegangen?**
	Waschmaschine und Kühlschrank wurden durch Neuanschaffungen ersetzt; 1995 Kauf einer neuen Couch & Einbauküche.
18.	**Was halten Sie rückblickend auf die Zeit 1989-1994 für einen innenarchitektonischen Glückskauf und warum?**

19.	**Was halten Sie rückblickend auf die Zeit 1989-1994 für einen innenarchitektonischen Fehlkauf und warum?**
	--- (eventuell Schreibtisch)
20.	**Seit wann wohnen Sie in Görlitz?**
	Schon immer

21.	**Seit wann (und bis wann) wohnen/wohnten Sie in dieser Wohnung?**
	1980-1995
22.	**In welchem Stadtteil der Stadt Görlitz wohne/wohnten Sie?**
	Innenstadt
23.	**In welcher Art von Gebäude wohnen Sie?**
	☒ historischer Altbau
	☐ Älterer Neubau
	☐ Neubaublock/Platte
	☐ DDR-Eigenheim
	☐ DDR-Reihenhaussiedlung/Mehrfamilienhaus
24.	**Wie groß ist/war die Wohnung?**
	72qm
25.	**Welche & wie viele Zimmer hat/hatte die Wohnung?**
	☒ Küche(n)
	☒ Bad/Bäder
	☒ Flur(e)
	☒ Wohnzimmer
	☒ Kinderzimmer
	☐ Arbeitszimmer
	☐ Abstellräume/Hauswirtschaftsräume
	☒ Schlafzimmer
	☐ sonstiges
26.	**In welchem Jahr sind Sie geboren?**
	Er: 1956 — Sie: 1955
27.	**Welcher ist Ihr höchster formaler Bildungsabschluss?**
	Er: Ingenieurs-Studium — Sie: Hochschul-Studium Lehramt
28.	**Wann sind Ihre Kinder geboren?**
	1989